# 婚礼服务产品营销

HUNLI FUWU CHANPIN YINGXIAO

主　编　刘慧玲
副主编　胡耀友　吴鸿勋

中国社会出版社
国家一级出版社 · 全国百佳图书出版单位

**图书在版编目（CIP）数据**

婚礼服务产品营销 / 刘慧玲主编．-- 北京 ：中国社会出版社，2023.1
ISBN 978-7-5087-6765-9

Ⅰ．①婚… Ⅱ．①刘… Ⅲ．①婚庆业－市场营销－高等职业教育－教材 Ⅳ．①F719.9

中国版本图书馆 CIP 数据核字（2022）第 071399 号

出 版 人：浦善新
责任编辑：李新涛
助理编辑：高星河
终 审 人：李　浩
策划编辑：孙武斌
封面设计：时　捷

出版发行：中国社会出版社
邮政编码：100032
网　　址：shcbs.mca.gov.cn
经　　销：新华书店
地　　址：北京市西城区二龙路甲 33 号
编 辑 部：(010)58124841
发 行 部：(010)58124864；58124845

印刷装订：北京虎彩文化传播有限公司
印　　张：14.5
版　　次：2023 年 1 月第 1 版
定　　价：60.00 元
开　　本：185 mm×260 mm　1/16
字　　数：260 千字
印　　次：2023 年 1 月第 1 次印刷

中国社会出版社微信公众号
中国社会出版社天猫旗舰店

# 前言 Preface

2022 年新修订的《中华人民共和国职业教育法》提出，职业教育是与普通教育具有同等重要地位的教育类型，是国民教育体系和人力资源开发的重要组成部分，是培养多样化人才、传承技术技能、促进就业创业的重要途径。随着我国高等学校高职高专婚庆专业的迅速发展和社会需求的日益增长，高职高专婚庆专业教材建设面临着更高的要求。

基于此，我们组织编写了《婚礼服务产品营销》活页式教材。该教材融会贯通市场营销、服务营销、消费心理学等学科知识，按照婚礼服务产品营销工作的内容和流程进行教学内容设定，让学生掌握必要的基础知识及理论，并在此基础上着重培养其实际操作能力。学生通过系列实践项目的学习，可以巩固、加深对基础知识及基本技能的理解和掌握，为日后成长为合格的婚礼营销人员，从容应对各种工作情境打好基础。

本教材包括 9 个项目。依次为：项目一　认识婚礼服务产品营销；项目二　走进婚庆服务市场；项目三　分析婚礼服务产品购买行为；项目四　开发婚礼服务产品；项目五　确定婚礼服务产品价格；项目六　建立婚礼服务产品营销渠道；项目七　实施婚礼服务产品促销策略；项目八　管理婚礼服务产品营销；项目九　开展婚庆业务洽谈。

本教材由刘慧玲（重庆城市管理职业学院教师）担任主编，胡耀友（重庆城市管理职业学院教师）、吴鸿勋（中南大学中国语言文学专业文化传播与文化产业学方向在读博士研究生，曾任教于长沙民政职业技术学院婚庆服务与管理专业）参与编写。主编负责教材总体框架及编写提纲的设计，并对各参编人员的初稿在文字和内容上进行适当的修改。编写工作的具体分工如下：项目一、项目三、项目四、项目五、项目八、项目九由刘慧玲编写；项目二、项目七由吴鸿勋编写；项目六由胡耀友编写。礼典专家顾恒、婚礼策划师谭涵云、重庆景曦婚庆礼仪服务有限公司的彭秋霞等行业专家为教材大纲提出了宝贵的意见与建议，并为教材的撰写提供了丰富的案例。本教材主要适用于职业院校婚庆服务与管理专业学生，以及有志于从事婚庆行业的社会人员。

感谢各位编写者以及为本教材付出大量辛勤劳动的中国社会出版社的编辑们。感谢重庆城市管理职业学院周良才、贾丽彬、王小丽老师，长沙民政职业技术学院张量老师、南京城市职业学院魏彬老师等为本教材编写提供的倾力指导和大力支持。

由于编者水平有限，书中难免有疏漏和不足之处，敬请读者批评指正。

刘慧玲

2022 年 11 月

# 目录
# Contents

# 1

# 项目一 认识婚礼服务产品营销

对婚庆企业而言，婚礼服务产品营销是重要的工作内容。然而，不少人仍认为营销就是销售。事实上，营销的范畴比销售的范畴要大。作为婚庆服务企业的每一名成员，都有必要了解婚礼服务产品营销，同时将营销理念贯穿到工作的方方面面。在本项目中，我们将从婚礼服务产品营销中的两个关键词“服务”和“营销”两个方面出发，开启我们的学习之旅。

## 【任务目标】

### 知识目标

1. 理解服务的内涵。
2. 理解服务的特征。
3. 理解营销的内涵与功能。

### 能力目标

1. 能够在服务中准确把握服务的特征，开展婚礼庆典服务。
2. 能够将社会营销观念有机运用于婚礼服务产品营销中。

### 素质目标

1. 树立营销意识。
2. 培养社会营销观念。

### 思政目标

1. 培养诚信敬业友善的品质。
2. 培养服务人员的社会责任感。

# 任务一：了解服务

## 一、服务的定义

关于服务的含义，不同学者从不同角度进行了界定。在这里，我们采用国内大多数学者的观点对服务定义为：服务是具有无形特征却可给人带来某种利益或满足感的可供有偿转让的一种或一系列活动。

日常生活中，服务无处不在。比如，租用宾馆的客房，在银行存款或贷款，乘坐飞机旅行，到医院看病，理发，请人修理汽车，观看电影，请心理咨询师提供咨询，邀请婚礼司仪主持婚礼等，这些内容均涉及服务的购买与消费。

## 二、服务的特征

通过多年的研究，学者们普遍认为服务具有以下 5 个特征。

1. 不可感知性

不可感知性是服务的最基本特征，可以从两个不同的层次来理解。首先，服务产品与有形的消费品或工艺品比较，服务的特质及组成服务的元素，很多都无形无质，让人不能触摸或看见其存在。同时，消费者使用服务产品后的利益，也很难被察觉，或是要等一段时间后，享受服务的人才能感觉到服务所提供利益的存在。例如，当一个人患病后去医院就诊，医生根据病人描述的情况和检查结果，开了一些药品，当病人走出医院时，对自己所患的疾病能否被治愈是难以察觉并作出判断的，可能要经过一段时间后才能感受到结果。

当然，服务的不可感知性并不是说所有的服务产品都完全是不可感知的，它的意义在于提供了一个视角，将服务产品同有形的消费品或工业品区分开来。服务的这一特征，决定了消费者购买服务和消费服务之前很难形成准确预期，购买风险也大于实物产品，并且很难做到事先的服务产品比较，对于服务的广告的可信度也较低。因此，在现代服务产品营销中，商家也开始针对服务的不可感知性采取相应的措施。比如，尽量简化服务使得服务产品有形化；尽可能地设立标准，细化服务档次，降低购买失误风险；在促销方面持续积累并积极展示成功案例，增强口碑，树立信任，赢得人心。

2. 不可分离性

有形的消费品或工业品在从生产、流通到最终消费的过程中，往往要经过一系列的中间环节，生产与消费过程具有一定的时间间隔。而服务产品则与之不同，它具有不可分离性，即服务的生产过程与消费过程同时进行，也就是说服务人员为顾客提供服务时，也正是顾客消费服务的时刻，二者在时间上不可分离。由于服务本身不是一个具体的物品，而是一系列的活动或过程，所以在服务的过程中，消费者和生产者必须直接发生联系，从而可知生产的过程也就是消费的过程。服务的这种特性表明，在某些情况下，顾客只有而且必须加入服务的生产过程才能最终消费到服务。例如，在游乐园，顾客只有亲自参与某游乐项目才算享受到了游乐园提供的服务；在理发店，只有顾客在场时，理发师才算完成了理发的服务过程。

基于服务的不可分离性，因此服务企业必须高度重视顾客的参与和配合。服务企业的管理人员要正视如何有效地引导顾客正确扮演他们的角色，如何鼓励和支持他们参与生产过程，如何确保他们获得足够的服务知识以达到生产和消费过程的和谐进行。比如，一位知名且富有经验的医生在给患者开药后会告知患者治疗期间的注意事项，但如果患者在治疗期间不配合，也会导致医治的无效。若企业管理者忽略这一点，则可能导致由于顾客不懂自身的职责而使服务产品的质量无法达到他们的要求，而这种情况下，顾客通常会认为该企业的服务水平低下，进而丧失日后再购买的兴趣和信心。

同时，服务企业的员工与顾客的互动也严重影响着服务的质量及企业与顾客的关系，迫使服务企业要高度重视员工与顾客的关系，特别是一线员工要有足够的应变能力以确保服务能达到顾客所期望的水平。另外，顾客与服务员工在沟通中的任何误会都可能直接使顾客感到整个企业的服务水平不佳，甚至拂袖而去，导致服务过程中断，企业也就失去了顾客。

服务的这一特征，表明服务员工与顾客的互动关系既是服务质量高低的影响因素，也是服务企业与顾客之间关系的影响因素。针对这一特征，服务营销者应尽可能采用高科技、新设备（如自动售货、电子银行、远程教学等）手段，既将服务的生产与消费过程分离，还将服务过程标准化，减少因服务员工的水平差异带来的消费者低满意度；还可以选择高素质人员以提高服务质量来吸引消费者参与服务过程。

3. 品质差异性

服务的品质差异性是指服务的构成成分及其质量水平经常发生变化，难以统一认定的特性。服务的主体和对象均是人，人是服务的中心，而人又具有个性，人涉及服务方的人员和接受服务的顾客两个方面。服务品质的差异性既由服务人员素质的差异所决定，也受顾客本身的影响。不同素质的服务人员会产生不同的服务质量效果。同样，同一服务人员为不同素质的顾客服务，也会产生不同的服务质量效果。顾客的知识水平、道德修养、处世经验等基本素质，也直接影响服务质量效果。

服务的品质差异性加大了消费者对服务质量评价的风险。这就要求服务营销者通过分解服务步骤，简化服务过程来提高质量预见性；通过使用高职业化的人员提供个性化服务，变可变性为机遇；通过对服务人员的筛选、培训和激励进行投资，开展内部营销；通过用机械设备代替人工，控制生产过程等手段来克服和减少风险。

4. 不可储存性

服务的不可储存性是由其不可感知性和服务的生产消费的不可分离性决定的。不可储存性基于服务产品的不可感知形态及服务的生产与消费同时进行，使得服务产品不可能像有形的消费品或工业品一样被储存起来，以备未来出售；而且消费者在大多数情况下，也不能将服务携带回家存放。当然，提供服务的各种设备可能会提前准备好，但生产出来的服务如不当时消费掉，就会造成损失。比如，理发、外科手术、酒店住宿、旅游等，都无法在某一年生产并储存，然后在下一年进行销售或消费。不过，这种损失不像有形产品损失那样明显，它仅表现为机会的丧失和折旧的发生。

服务的不可储存性也是服务产品比较有趣的一个特点，一项服务若不在生产的同时销售出去，生产者就会失去服务收益，而消费者对此并不关心；消费者在购买结束的同时，产品的概念已留在消费者的记忆中；往往在服务供不应求时，消费者才会意识到服务没有库存的特点，被迫排队等候。因此，服务的不可储存性要求服务企业必须解决由缺乏库存所导致的产品供求不平衡问题，如何制定分销策略来选择分销渠道和分销商，以及如何设计生产过程和有效地弹性处理被动的服务需求等。通常采用的预订系统、自助服务或者引导需求的时间结构等方式就是基于这一特点所采取的措施。

5. 不可转让性

服务所有权的不可转让性是指在服务的生产和消费过程中不涉及任何东西的所

有权转移。既然服务是无形的又是不可储存的，服务产品在交易完成后便消失了，消费者并没有实质性地拥有服务产品。以顾客理发为例，通过理发师的服务，顾客的头发得到了一定修剪和整理，但这并没有引起任何所有权的转移，也就是说并没有随着理发服务的提供而把理发工具也转让给了顾客，只不过顾客的感受有了一些变化而已。服务所有权的不可转让性会使顾客在购买服务时感受到较大的风险，如何克服此种消费心理，促进服务销售，是营销管理人员所要面对的问题。目前，很多服务企业逐渐采用“会员制”的方法维持企业与顾客的关系。当顾客成为企业的会员后，他们可享受某些特殊优惠，让其从心理上感觉到就某种意义而言他们确实拥有企业提供的服务的所有权。

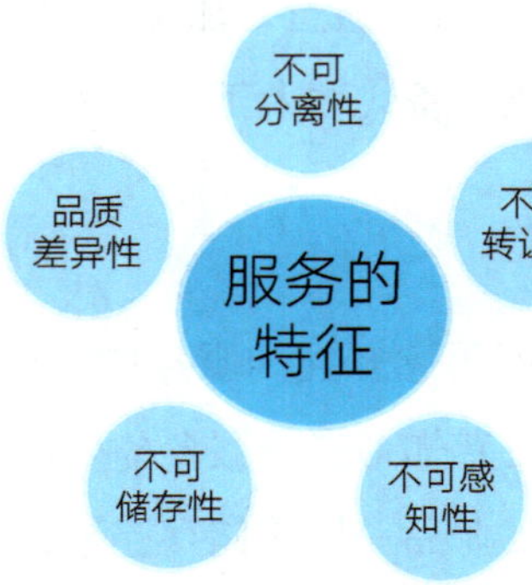


图 1-1　服务的特征

在上述 5 种特征中，不可感知性是最基本的特征，其他特征都是由这一基本特征衍生出来的。这些特征从各个侧面表现出了服务与实体商品的本质区别。但细究一下，提供服务所涉及的许多因素，如酒店的设施、交通运输工具、金融服务设备等，又似乎具有有形产品的特征。于是，学者肖斯塔克根据产品中所包含的有形商品和无形服务的比重的不同，提出了“可感知性－不可感知性差异序列图”，指出在现实经济生活中纯粹的有形商品或无形服务都是很少见的。这就把服务与有形产品联系起来了。反过来，如果把企业生产的产品看作企业为客户提供某一方面服务的媒介，似乎又可将普通行业看作服务业。也就是说，服务业与普通行业并没有本质的不同，其区别仅仅在于服务业用于为用户提供服务的媒介是无形的，或虽有形但与他人共用。因此，任何一个以营利为目标的企业都可归属为服务企业，而任何产品都可视为企业向用户提供服务的媒介。所以，在学习服务产品营销时，没有必要完全把服务和有形产品割裂开来。

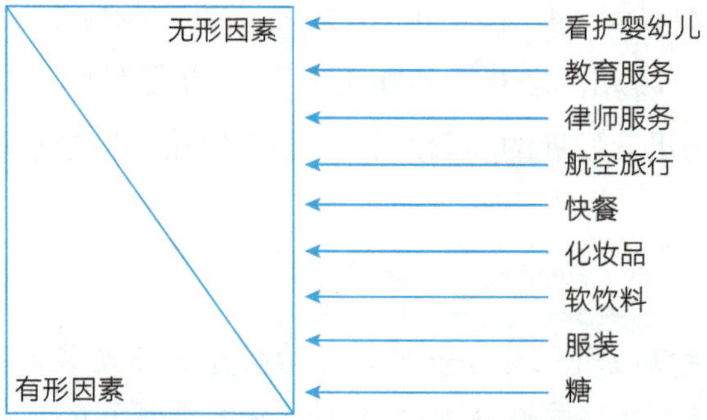


**图 1-2 可感知性 - 不可感知性差异序列图**

## 三、服务业简介

服务业又称第三产业，是国民经济中除了第一产业（农业、林业、牧业、渔业）和第二产业（采矿业、制造业、电力、燃气及水的生产和供应业、建筑业）之外的产业。

20 世纪中期以来，世界经济结构发生了很大变革，长期占主导地位的制造业在国民经济中的比例日渐降低，各种新兴的服务业蓬勃发展，把全球经济带入“服务经济时代”。随着服务经济的发展，服务业在社会经济中的地位和作用与日俱增，一个国家的服务业水平反映了该国社会经济的发展水平及国际竞争力。

## 四、婚礼庆典服务的定义

婚礼庆典服务，又称婚姻庆典服务、婚庆服务，是指婚礼庆典服务经营者为顾客提供的用于满足其在婚礼庆典活动中物质精神综合需要的全部服务的总和。

除了具备我们之前介绍的服务的五大特征之外，婚礼庆典服务由于自身服务内容和对象的特点，因此与其他服务行业相比，还有其独特的魅力，也为其蒙上了一层神秘的面纱。

婚礼在中国传统文化中的重要意义是不言而喻的。中国传统文化认为人生有六礼①。其中，婚礼为六礼之本②。因为有婚姻才可形成家庭，有家庭才可组成国家。在现代社会中，婚礼是新家庭成立的标志，是彼此承诺的标志，也是人生当中的一个重要仪式。婚礼是各种硬件和软件的有机结合，是婚庆服务人员与客户、来宾共

① 唐孔颖达疏曰：“六礼谓冠一、婚二、丧三、祭四、乡五、相见六。”

② “礼之大体，而所以成男女之别，而立夫妇之义也；男女有别，而后夫妇有义；夫妇有义，而后父子有亲；父子有亲，而后君臣有正。故曰，昏礼者，礼之本也。”——《礼记·昏义》

同合作的结晶。婚姻对于人们来说是一件终身大事，相应地，对于大多数人来说，婚礼也是一生一次。因此，婚礼庆典服务具有不可复制性、文化性和情感性等特点。婚庆行业是一门迅速发展的朝阳产业，具有广阔的市场前景。

## 【任务导入】

拥有一场童话般的婚礼是每一对新人的梦想，可是某地的一对新人做梦也没想到，竟然遭遇了一场混乱憋屈的婚礼：吊顶高度比预期降低30厘米，导致舞台效果与原有设计图效果大相径庭，新郎在整个仪式过程中都要撞到吊顶上的金色线帘。此外，婚礼现场还存在舞台背景线帘未安装，路引鲜花摆放与约定有出入等问题。这对新人一怒之下，将婚庆公司告上法庭。请分析该案例主要体现了婚庆服务的什么特点，以及婚庆公司应如何把握该特点，开展好婚庆服务。

## 【任务分析】

该任务为案例分析题。重点考查同学们对服务的5个特点的理解，以及在此基础上结合婚庆服务实际，提出解决方案。

## 【任务实施】

### 一、操作流程图

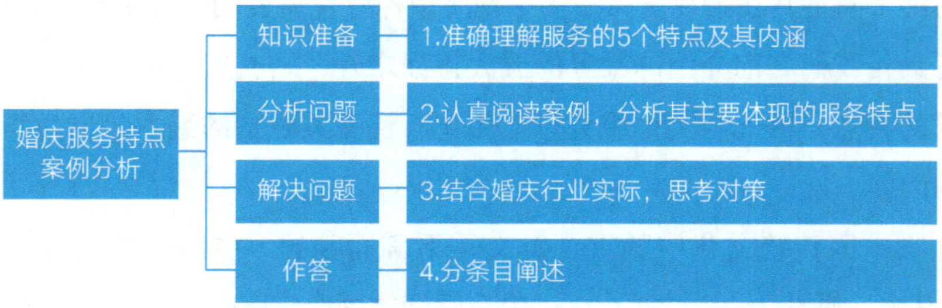


### 二、操作注意事项

1. 学会透过现象看本质，分析该案例所体现的服务的特点。

2. 紧密结合婚庆行业实际。

## 【任务工单】

| 任务名称 | 婚庆服务特点案例分析 | 学时 | | 培训对象 | |
|---|---|---|---|---|---|
| 学生姓名 | | 联系电话 | | 任务成绩 | |
| 任务设备 | | 操作时间 | | 操作地点 | |
| 任务目的 | 1. 理解服务的特点<br>2. 结合婚庆行业实际，融会贯通，分析与解决问题<br>3. 培养良好的服务意识和社会责任感 | | | | |
| 任务实施 | 知识准备 | 准确理解服务的 5 个特点及其对应的内涵：<br>1.<br>2.<br>3.<br>4.<br>5. | | | |
| | 分析问题 | 认真阅读案例，分析其主要体现的服务特点： | | | |
| | 解决问题 | 结合婚庆行业实际，思考对策： | | | |
| | 作答 | 分条目阐述：<br>1. 该案例主要体现了婚庆服务的____________特点<br>2. 婚庆公司应如何把握好该特点，开展好婚庆服务<br>（1）<br>（2）<br>（3）<br>…… | | | |
| 教师评价 | | | | | |

## 【思考实践】

1. 婚礼庆典服务与其他服务的异同有哪些？

2. 怎样把握服务的特点，以开展好婚礼庆典服务？

# 任务二：认识婚礼服务产品营销

## 一、市场营销（Marketing）的定义

市场营销，简称营销。关于营销的概念，不同学者从不同角度提出了自己的观点。在这里，我们采用美国市场营销协会（American Marketing Association，AMA）2013年7月下的定义：Marketing is the activity，set of institutions，and processes for creating，communicating，delivering，and exchanging offerings that have value for customers，clients，partners，and society at large. 即市场营销是在创造、沟通与传播和交换产品中，为顾客、客户、合作伙伴以及整个社会带来价值的一系列活动、过程和体系。

由此看来，所谓市场营销，就是在变化的市场环境中，旨在满足消费者需要、实现企业目标的商务活动过程，包括市场调研、选择目标市场、产品开发、产品定价、渠道选择、产品促销、产品储存和运输、产品销售、提供服务等一系列与市场有关的企业业务经营活动。市场营销的过程既是物品的交换过程，也是价值的交换过程，同时还是促进社会优化的一种合作共赢活动。

## 二、市场营销的功能

市场营销的根本任务，就是通过努力解决生产与消费的各种分离、差异和矛盾，使生产者手中各种不同的供给与消费者各种不同的需要与欲望相适应，实现生产与消费的统一。因此，市场营销在社会生产与社会需要之间的平衡中起着重要作用。具体包括以下功能。

1. 降低交易成本

借助资金融通和商业信用等手段，可以控制或改变产品的流向和流量，在一定条件下，能够给买卖双方带来交易上的方便和利益。市场信息的收集、加工与传递，则可以大大简化和加快交换过程，方便产品储存、运输和顾客购买。

2. 探明市场的有效需求

市场是时刻动态变化的，对于婚庆服务市场更是如此，消费者的需求也在不断发生变化。有效的市场营销活动可以成为市场需求探测器，使企业清楚地了解消费者需求的方向、结构及其分布，从而为企业寻到生存、发展的良机。

3. 促进新产品的开发

企业要不断地改进原有产品、推出新产品、实现产品更新换代，目的是为了满足消费者需求。有效的市场营销，必须要通过市场需求信息的反馈，为产品改进、开发和更新换代指明方向，并督促、推动产品研发系统的高效运转。

4. 维护客户开发

市场营销不仅把握并满足了消费者的需求，而且通过售前、售中和售后服务，以及不断扩展服务范围，对顾客形成了吸引力，使顾客自发、自愿地向企业靠拢，保持和增加对企业或品牌的忠诚度，扩大了产品的潜在市场。同时，市场营销的信息沟通功能把市场需求具体地反馈给生产者，有助于生产出适应消费者快速变化口味的产品，从而对提升产品形态发挥着重要作用。

## 三、营销观念的演变

市场营销观念是指企业进行经营决策、组织管理市场营销活动的基本指导思想，也是企业的经营哲学。伴随着市场经济的不断发展和学者们研究的不断深入，市场营销观念也在不断地发生变化。

1. 生产观念

该观念盛行于 19 世纪末 20 世纪初。生产观念是一种重生产、轻营销的指导思想，其典型表现是“我们生产什么，就卖什么”。以生产观念指导营销活动的企业，称为生产导向企业。如 20 世纪初美国福特汽车公司制造的汽车供不应求，亨利 · 福特曾傲慢地宣称：“不管顾客需要什么颜色的汽车，我只有一种黑色的。”这就是典型的生产观念的体现。

2. 产品观念

产品观念是与生产观念并存的一种市场营销观念。产品观念认为，消费者喜欢高质量、多功能和具有某些特色的产品。因此，企业管理的中心就是致力于生产优质产品，并不断精益求精。在这种观念的指导下，公司经理人常常迷恋自己的产品，以致没有意识到产品可能并不迎合时尚，甚至市场正朝着不同的方向发展。他们在设计产品时只依赖于工程技术人员而极少让消费者介入。

3. 推销观念

推销观念产生于资本主义经济由“卖方市场”向“买方市场”的过渡阶段。盛行于20世纪30—40年代。推销观念认为企业管理的中心任务是积极推销和大力促销，以诱导消费者购买产品。其具体表现是：“我卖什么，就设法让人们买什么。”在此观念下，商家会致力于产品的推广和广告活动，以求说服甚至强制顾客购买。但是，推销观念与前两种观念一样，也是建立在以企业为中心的“以产定销”，而不是满足消费者真正需要的基础上的。因此，前三种观念也被称为市场营销的旧观念。

4. 市场营销观念

市场营销观念形成于20世纪50年代。该观念认为，实现企业目标的关键在于正确确定目标市场的需求和欲望，一切以消费者为中心，并且比竞争对手更有效、更有力地传送目标市场所期望满足的东西。市场营销观念的产生，改变了传统的旧观念的逻辑思维方式，而且在经营策略上也有很大突破。它要求企业营销管理贯彻“顾客至上”的原则，将管理中心放在善于发现和了解目标顾客的需要上，并千方百计去满足它，从而实现企业目标。因此，企业在决定其生产经营方针时，必须进行市场调研，根据市场需求及企业本身条件选择目标市场，组织生产经营，最大限度地提高顾客满意度。市场营销观念认为，决定生产什么产品的主权不在于生产者，也不在于政府，而在于消费者。

5. 社会营销观念

从20世纪70年代起，随着全球环境破坏、资源短缺、通货膨胀和忽视社会服务等问题加重，要求企业顾及消费者整体利益与长远利益的呼声越来越高。在西方市场营销学界逐渐推出了一系列新的理论及观念，如人类观念、理智消费观念、生态准则观念等。其共同点都是认为：企业生产经营不仅要考虑消费者需要，而且要考虑消费者和整个社会的长远利益。这类观念统称为社会营销观念。社会营销观念的核心是：以实现消费者满意以及消费者和社会公众的长期福利作为企业的根本目标与责任。理想的营销应同时考虑到：消费者的需求与愿望的满足，消费者和社会的长远利益，企业的营销效益。

比如在2020年新冠肺炎疫情期间，婚庆行业众多婚庆人士积极加入战疫行动中。2020年2月，熊明洋和郭宇飞两位婚庆人不谋而合，决定将预计当年2月2日进场装修的新场景的东湖绿道白马婚礼堂用以政府改造成方舱医院，配合政府部门集中收治病人。福建省婚庆行业协会、台湾婚俗文化发展协会联合在福建省和台湾地区婚庆产业内开展募捐活动，向武汉白马方舱医院定向捐赠医用酒精、消毒液。这些都是社会营销观念的体现。

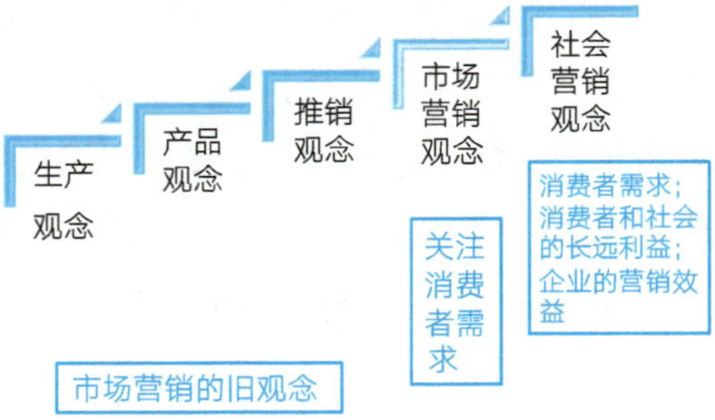


**图 1-3　营销观念的演变**

营销是在动态的全球性的环境中进行的，环境的迅速变化使过去成功的策略可能不再适合当下。正如管理大师彼得·德鲁克所观察到的那样：一个公司在上一年度的成功模式在下一年度可能就不适用了。因此，营销管理者们需要随时以睿智的眼光不断审视他们的营销目标和营销实践。

**表 1-1　营销观念带来的差别**

| 市场观念 | 营销出发点 | 营销目的 | 基本营销策略 | 侧重方法 |
|---|---|---|---|---|
| 生产观念（产品观念） | 产品 | 通过生产大批产品或改善产品即刻获利 | 以增加产量、提高质量、降低价格竞争 | 坐店等客 |
| 推销观念 | 产品 | 通过大量推销产品获利 | 以多种推销方式竞争 | 派员销售，广告宣传 |
| 市场营销观念 | 消费者需求 | 通过满足需求达到长期获利 | 以发现和满足需求竞争 | 实施整体营销方案 |
| 社会营销观念 | 消费者需求 | 通过满足需求达到长期获利 | 以获取消费者信任，兼顾社会利益影响消费等竞争 | 与消费者及有关方面建立良好的关系 |

## 四、婚礼服务产品营销的内涵

婚礼服务产品营销是婚庆服务机构的组织功能，同时也是为了实现利益而创造、传播、传递客户价值，管理客户关系的一系列过程。基于婚礼庆典服务的不可复制性、文化性、情感性等特点，婚礼服务产品营销更应秉承社会营销观念，积极关注消费者需求，兼顾社会效益，与消费者及有关方面建立良好的关系，进行营销实践。

## 【任务导入】

开展对某婚庆企业近 3 年营销措施方面的调研，可以实地考察，也可以通过网络收集信息。在此基础上，分析该企业采取的营销措施分别属于哪种营销观念，并尝试优化该企业的营销措施。

## 【任务分析】

该任务主要是帮助同学们深化对营销内涵的理解，以及促进将社会营销观念运用到实际营销工作中。

## 【任务实施】

### 一、操作流程图

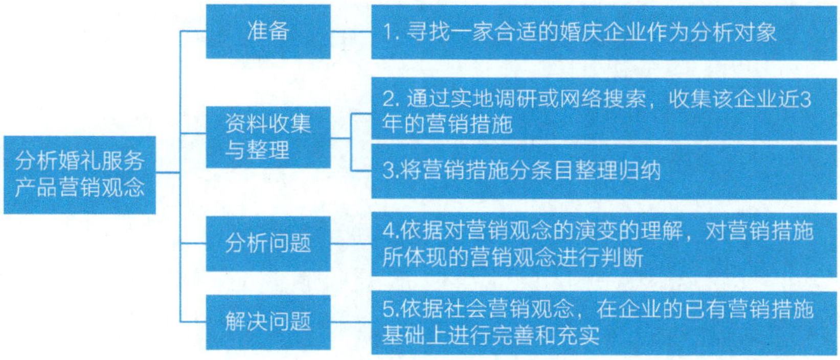


### 二、操作注意事项

1. 操作前不仅要熟悉分析的对象企业，还要熟悉其所在地的相关竞争情况。
2. 操作前要尽可能地了解企业所在地的经济情况、消费情况。

## 【任务工单】

| 任务名称 | 分析婚礼服务产品营销观念 | 学时 | | 培训对象 | |
|---|---|---|---|---|---|
| 学生姓名 | | 联系电话 | | 任务成绩 | |
| 任务设备 | | 操作时间 | | 操作地点 | |
| 任务目的 | 1. 理解营销的内涵与功能<br>2. 理解营销观念的演变<br>3. 将社会营销观念用于婚礼服务产品营销中 | | | | |
| 任务实施 | 准备 | 寻找一家合适的婚庆企业作为分析对象 | | | |
| | 资料收集与整理 | 1. 通过实地调研或网络搜索收集整理该企业近 3 年的营销措施<br>2. 将营销措施进行分条目整理归纳 | | | |
| | 分析问题 | 依据对营销观念的演变的理解，对营销措施所体现的营销观念进行判断 | | | |
| | 解决问题 | 依据社会营销观念，在企业的已有营销措施基础上进行完善和充实 | | | |
| 教师评价 | | | | | |

## 【思考实践】

1. 婚庆服务市场有没有可能采用产品观念来赢得市场，为什么？
2. 婚庆公司应如何实现自身、用户与社会利益的契合？

2

# 项目二 走进婚庆服务市场

天眼查专业版数据显示，截至 2020 年 9 月，我国有企业名称或经营范围含“婚庆”或“婚礼”字样，且企业状态为在业、存续、迁入、迁出的婚庆相关企业 80 万余家。婚庆行业市场竞争日渐激烈。掌握科学的婚庆服务市场分析方法、调研方法、定位方法，能够帮助婚礼服务产品营销人员在激烈的竞争环境当中找到营销机会，找准产品定位，合理高效地营销本企业的婚礼产品。

## 【任务目标】

### 知识目标

1. 理解市场分析、市场调研、市场定位的相关内涵。
2. 熟悉 SWOT 分析等相关分析模型。

### 能力目标

1. 能运用 SWOT 模型对婚庆企业当前的状况进行分析。
2. 能根据婚庆企业调研需求，制作调查问卷。
3. 能按照市场情况和企业自身情况，为企业找到目标市场，确定产品定位。
4. 能合理分析调研结果，得出结论。
5. 能根据已有的分析结果，为企业提出建议。

### 素质目标

1. 在训练中能够合理地运用相关分析方法。
2. 能够设计出合理的调研方法。
3. 能够得出合理的有指导性的结论。

### 思政目标

1. 能够为传承发扬中国婚礼文化的中式婚礼，找到合适的市场机会。
2. 培养社会责任感和敬业精神。

# 任务一：开展婚庆服务市场分析

## 一、基本概念

1. 市场营销环境

市场营销环境是指企业在进行营销活动的过程中，对企业营销活动有直接影响和间接影响作用的各个方面，包括宏观环境和微观环境两大部分。

宏观环境是指给企业带来市场机会和市场威胁的主要社会力量，包括政治、经济、人口、自然、技术、文化等因素。这些因素都是企业不可控制的变量。

微观环境是指组成企业基本营销系统的各种力量，包括市场主体（企业本身）和市场客体（消费者）。企业与以上因素共同完成营销活动，它们相互联系、相互作用。

2. 市场营销环境分析的重要性

企业对市场竞争状况的控制能力和为顾客提供服务的能力，直接受企业营销环境状况的影响。企业只有不断监视和预测各种宏观环境、微观环境的因素变化，及时采取有效措施，才能适应变化的环境，才能自始至终把握住市场，保持健康持续的发展。

3. 市场分析

市场分析是对市场环境变化中的各种因素及其动态、趋势的分析。分析过程是：收集有关资料和数据，采用适当的方法，分析研究、探索市场变化规律，了解消费者对产品品种、规格、质量、性能、价格的意见和需求，了解市场对某种产品的需求量和销售趋势，了解产品的市场占有率和竞争单位的市场占有情况，了解社会商品购买力和社会商品可供量的变化等，为企业生产经营决策——合理安排生产、进行市场竞争提供重要依据。

## 二、常用方法

SWOT 模型分析法：S（strengths）是优势、W（weaknesses）是劣势、O（opportunities）是机会、T（threats）是威胁。

所谓SWOT分析，是基于企业内外部环境的态势分析，它是一个非常有用的工具。它是将与研究对象密切相关的各种主要内部优势、劣势和外部的机会和威胁等，通过调查列举、依照矩阵形式排列，并将各种内外因素加以分析，从中得出对企业组织决策有帮助的结论。

| | |
|---|---|
| S（strengths）优势 | W（weaknesses）劣势 |
| O（opportunities）机会 | T（threats）威胁 |

**图 2-1　SWOT 模型**

优势（strengths），是企业内部能提高竞争能力、顾客服务能力的各种有利于企业营销活动开展的因素。优势，是能够随着企业环境变化而不断得到加强和巩固的。优势，是企业相比于其他企业所独家具有的或者处于领先地位的因素。具体包括：企业核心能力、基础能力、独特的产品、有效的管理、有利的竞争态势、充足的财政来源、良好的企业形象、技术力量、经济的规模、产品质量、服务的品质、市场份额、成本优势、广告攻势等。

劣势（weaknesses），也是组织机构的内部因素，是企业内部环境中阻碍企业实现营销目标，导致营销目标不能实现或者难度增大的因素。分析劣势，是为了让企业弄清楚造成营销困难的内部原因，以便趋利避害，制订出有效的营销方案，把劣势转化为优势。需要分析的劣势具体包括：基础能力薄弱、核心能力缺乏、竞争对手实力增强、消费的需求变化、设备老化、管理混乱、无效的激励、缺少关键技术、研究开发落后、资金短缺、经营不善、产品积压、竞争力差等。

机会（opportunities），是组织机构的外部因素，是指企业外部的产业环境中能够给企业带来盈利的市场需求和对企业发展有推动作用的各种因素。但要注意的是，并不是所有的机会都能够立即变成营销实践。机会主要是随着政治、经济、文化、技术、消费、竞争等的变化不断变化的。具体包括：新产品、新市场、新需求、外国市场壁垒解除、竞争对手失误等。

威胁（threats），也是组织机构的外部因素，是指企业外部环境中对企业发展不利的趋势和对企业营销形成挑战的各种因素。如果没有有效的应对措施，这些不利的趋势和因素会侵蚀企业的销售和利润，为企业的发展造成阻碍。威胁具体包括：新的竞争对手、替代产品增多、市场紧缩、行业政策变化、经济衰退、客户偏好改变、突发事件等。

### 三、注意事项

训练时需要考虑婚庆企业本身不同于其他类型企业的特质。

根据企业和产品本身的情况，增减 SWOT 四个模块中具体的分析项目。

## 【任务导入】

某婚庆企业，为了顺应国家提倡“文化自信”的大潮，想要从以下两项工作中作出选择：新开发一项中式婚礼产品，或者改进该企业原有的中式婚礼产品。在作出决定之前，该企业需要对市场进行 SWOT 分析。

请寻找一家现实中存在的婚庆企业，作为你 SWOT 分析的对象。

SWOT 分析完成之后，再根据相应的分析结果，为婚庆企业作出具体的决定，并且细化这项产品工作任务，为婚庆企业提出具体建议，并试拟订一个工作任务方案。

## 【任务分析】

### 一、主要解决的问题

企业自身的问题：什么样的任务更适合企业自身目前的发展情况。

市场需求的问题：什么样的产品更符合市场的需求、消费者的需求。

### 二、制订方案

针对 SWOT 分析的结果，为企业制订具体的任务方案。

### 三、主要训练目标

能够认识市场营销环境对企业决策的影响，有能力为企业提出合理的方案和建议。

## 【任务实施】

### 一、操作流程图

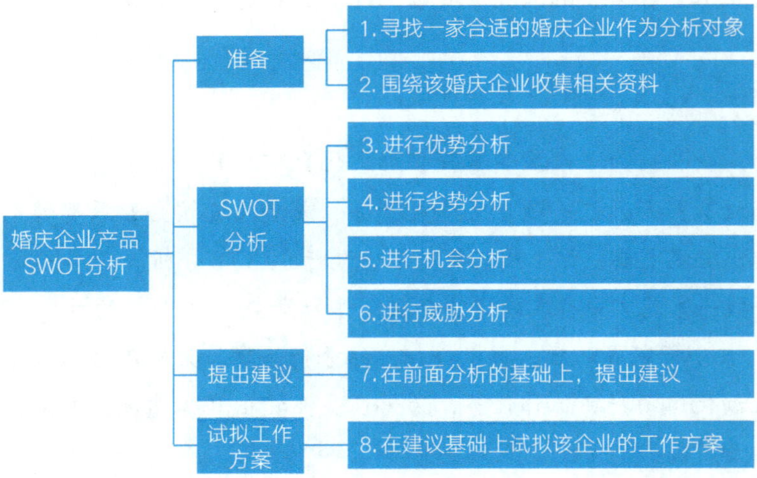


### 二、操作注意事项

1. 操作前熟悉市场上有代表性的婚庆企业，选择合适的分析对象。

2. 操作前熟悉分析对象的所有情况。

3. 若某些资料难以获取，可以考虑更换分析对象，或者与分析对象进行联络，以取得其配合，获得进一步的资料。

4. 训练过程中代入作为营销人员的身份，设身处地地思考问题。

## 【任务工单】

| | | | | | |
|---|---|---|---|---|---|
| 任务名称 | 婚庆企业产品SWOT 分析 | 学时 | | 培训对象 | |
| 学生姓名 | | 联系电话 | | 任务成绩 | |
| 任务设备 | | 操作时间 | | 操作地点 | |
| 任务目的 | 1. 掌握市场分析的内涵<br>2. 能对企业所面对的市场进行 SWOT 分析<br>3. 能够根据分析结果，为企业营销工作开展提出方案和建议 | | | | |
| 任务实施 | 准备：资料总结 | 1.<br><br>2.<br><br>3.<br><br>4. | | | |
| | 分析过程：SWOT 分析结论汇总 | S（strengths）优势分析结论：<br><br>W（weaknesses）劣势分析结论：<br><br>O（opportunities）机会分析结论：<br><br>T（threats）威胁分析结论： | | | |
| | 提出建议 | （请至少列出三条）<br>1.<br><br>2.<br><br>3.<br><br>4.<br><br>5. | | | |

续表

| | | |
|---|---|---|
| 任务实施 | 试拟企业工作方案 | 工作任务：<br><br><br>工作目标：<br><br><br>实施步骤：<br><br><br>策略技巧：<br><br><br>注意事项： |
| 教师评价 | | |

## 【思考实践】

1. 如何针对该婚庆企业的情况，发扬优势，规避劣势？
2. 如何才能让这家婚庆企业在市场上获得持续的竞争力？
3. 在设计或优化产品时，如何既符合市场需求，又体现中国传统文化特色？

# 任务二：开展婚庆服务市场营销调研

## 一、基本概念

1. 市场营销调研

市场营销调研就是运用科学的方法，系统、客观地辨别、收集、分析和传递有关市场营销活动各方面的信息，为企业营销管理者制定有效的市场营销决策提供重要的依据。

市场营销调研，是在收集调查结果的基础上，对结果进行分析研究，从而得出对企业至关重要的市场营销结论。

2. 市场营销调研的原则与内容

市场营销调研的原则是：第一，以产品为中心收集资料，要求详细具体；第二，通过市场表现，寻找到能够证明市场实质性变化趋势的资料。

市场营销调研的内容是根据企业的营销目标制定的，不同企业、不同情况、不同产品，其市场营销调研的内容也就不同。

第一，市场潜力，即产品在市场上的销售前景。调研此内容，需查明影响产品在市场销售中的各种因素。这些因素包括：政治、经济、技术、文化等；当前市场的消费情况，如价格、替代品的状况；等等。

第二，产品的适销性，即产品与市场之间是否对路。调研此内容，主要要研究消费者的需求和喜好。消费者的喜好包括：颜色、口味、规格、种类、性能、特点、风格等。

第三，产品的销售实务，即产品销售的相关问题。调研此内容，重在找出方法与对策。主要包括：产品价格（含本产品价格、竞争产品价格、替代产品价格、产品的成本与利润等）；促销（含促销的方式方法、促销的效果、促销的花费等）；服务（如服务质量、售后服务等）；渠道（直接销售、中介销售、分销等）。

3. 市场分析

市场分析是对市场环境变化中的各种因素及其动态、趋势的分析。分析过程是：收集有关资料和数据，采用适当的方法，分析研究、探索市场变化规律，了解消费者对产品品种、规格、质量、性能、价格的意见和需求，了解市场对某种产品的需求量和销售趋势，了解产品的市场占有率和竞争单位的市场占有情况，了解社会商品购买力和社会商品可供量的变化等，为企业生产经营决策——合理安排生产、进行市场竞争提供重要依据。

4. 市场潜力

所谓市场潜力，就是指产品在市场上的销售前景。调查研究市场潜力的目的，就是要查明在市场上影响产品销售的各种因素，明确分析企业销售产品的可能性，找到合理销售产品的方式、技巧。

## 二、常用方法

1. 市场调查方法

市场调查方法，是系统地设计、收集、分析并报告与企业面临的特定市场营销状况有关的数据和调查结果的方法。一般指市场实际调查，即通过抽取实际的市场和顾客对象作为样本并对该样本进行调查访问或观察研究其行为，据此取得有关数据和调查结果的方法。

（1）询问法：指通过问卷调查、直接访问、电话调查、开会座谈、邮寄问卷、App 端调查等方式从被访问者处获得数据资料的调查方法。

其中，问卷调查是最为常用的方法。是指以书面提出问题，通过制定详细周密的问卷，要求被调查者回答，以便收集资料的一种方法。问卷调查法当中的问题是与研究目标有关的，由表格制成的问卷调查又可称调查表。问卷调查是人们在社会调查研究活动中用来收集资料的一种常用工具。

问卷的题型有 4 种：问答题、单项选择题、多项选择题、量表题。市场营销调查问卷制作要求如下：

第一，被调查者的基本情况，包括被调查者的年龄、性别、文化程度、职业、住址、家庭人均月收入等。

第二，所调查的具体项目的相关问题，它是问卷的最重要的组成部分。

第三，调查问卷说明，其内容主要包括填表目的和要求，被调查者注意事项，交表时间等。

第四，编号，有些问卷需要编号，以便分类归档，汇总统计。

关于被调查对象（消费者群体）的 4 种基本抽样方法：

第一，单纯随机抽样。单纯随机抽样是在总体中以完全随机的方法抽取一部分观察单位组成样本（即每个观察单位有同等的概率被选入样本）。常用的办法是先对总体中全部观察单位编号，然后用抽签、随机数字表或计算机产生随机数字等方法从中抽取一部分观察单位组成样本。

第二，系统抽样。系统抽样又称等距抽样或机械抽样，即先将总体中的全部个体按与研究现象无关的特征排序编号；然后根据样本含量大小，规定抽样间隔 k；随机选定第 i（$i<k$）号个体开始，每隔一个 k，抽取一个个体，组成样本。

第三，整群抽样。整群抽样是先将总体划分为 K 个“群”，每个群包含若干个观察单位，再随机抽取 k 个群（$k<K$），由抽中的各群的全部观察单位组成样本。

第四，分层抽样。分层抽样是先将总体中全部个体按对主要研究指标影响较大的某种特征分成若干“层”，再从每一层内随机抽取一定数量的观察单位组成样本。

（2）观察法：即亲临现场观察或通过机器设备观察消费者行为的方法。包括：人员观察法、机器观察法等。

（3）市场实验法：是通过先观察条件相同的实验群体和对象群体的反应，再在一定时期内对实验群体开展市场营销活动，然后对两群体进行事后调查的方法。市场实验也称为试销，是新产品导入市场时常采用的一种检验产品、了解市场反应的重要方法。如，企业自行设立试销店，让顾客试用不同的产品统计反馈等。

2. 问卷问题类型

第一类，开放性问答题。开放性问答题是指所提出的问题，并不列出所有可能的答案，而是由被访者自由作答。例如，“您没有选择办婚礼的原因是什么？”

第二类，封闭性问答题。封闭性问答题，是指已事先设计了各种可能的答案，被访者只要从中选定一个或几个现成答案的提问方式。比如说我们常见的单选题、多选题、判断题等，都属于此类。

第三类，半封闭式问题。此类问题可以为被调查者提供选项，同时也可以给被调查者提供给出自己的答案的空间。例如：

你的婚礼方案你会向哪些人询问意见？

a. 父母

b. 家中亲属

c. 朋友

d. 同事

e. 其他（请补充：　）

第四类，量表式问题。最知名的李克特量表，是属评分加总式量表最常用的一种。该量表由一组陈述组成，每一陈述有“非常同意”“同意”“不一定”“不同意”“非常不同意”5种回答，分别记为5、4、3、2、1，每个被调查者的态度总分就是他对各道题的回答所得分数的加总，这一总分可说明他的态度强弱或他在这一量表上的不同状态。例如：

表2-1　婚礼调查李克特量表

| | 非常同意<br>5分 | 同意<br>4分 | 不一定<br>3分 | 不同意<br>2分 | 非常不同意<br>1分 |
|---|---|---|---|---|---|
| 你认为婚礼一定要办得非常隆重吗？ | | | | | |
| 你认为中式婚礼对年轻人来说才具有真正的仪式感吗？ | | | | | |

## 三、注意事项

调研时要以婚庆产品为中心进行资料收集，力求详细具体。

通过市场表面寻找能表明婚礼市场变化趋势的实质性资料。

## 【任务导入】

某婚庆企业，为了顺应国家提倡“文化自信”的大潮，想要新开发一系列中式婚礼产品。

在作出决定之前，该企业需要就“年轻人对中式婚礼的接受程度”“当代年轻人对中式婚礼的具体喜好和需求”等问题进行调研，再决定自己的开发方向。

请制作一份针对婚礼年轻消费者的调查问卷，并寻找相应的人群进行调查，最后得出分析结论。

## 【任务分析】

### 一、主要解决的问题

市场需求的问题：什么样的中式婚礼产品更适合市场需求。

### 二、制订方案

根据问卷调查的结果，为企业制定具体的产品开发方向。

### 三、主要训练目标

能够认识市场需求对企业产品的影响，掌握市场营销调研的重要方法。

## 【任务实施】

### 一、操作流程图

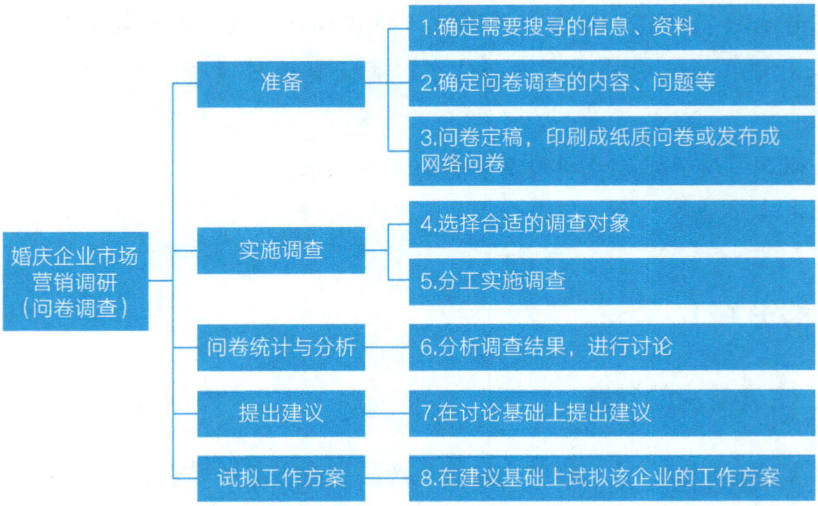


### 二、操作注意事项

1. 操作前熟悉市面上的中式婚礼产品，有针对性地设计问题。

2. 操作前确定好调查对象的范围（被调查的年轻人来自哪里）和抽样方式。

3. 把调查重点放在年轻人对中式婚礼的需求方面。

4. 若担心初次制作问卷问题较大，可以先制作一版问卷进行小范围试调查，然后进行调整。

## 》【任务工单】

<table>
<tr><td>任务名称</td><td>婚庆企业市场营销调研（问卷调查）</td><td>学时</td><td></td><td>培训对象</td><td></td></tr>
<tr><td>学生姓名</td><td></td><td>联系电话</td><td></td><td>任务成绩</td><td></td></tr>
<tr><td>任务设备</td><td></td><td>操作时间</td><td></td><td>操作地点</td><td></td></tr>
<tr><td>任务目的</td><td colspan="5">1. 掌握市场营销调研的内涵<br>2. 能对企业所面对的产品问题进行调查分析<br>3. 能够根据分析结果，为企业产品生产工作提出方案和建议</td></tr>
<tr><td rowspan="3">任务实施</td><td>准备：制作问卷</td><td colspan="4">1. 确定需要搜寻的信息、资料<br>2. 确定问卷调查的内容<br>3. 确定不同内容的问题类型<br>4. 选择问题用语、决定问题先后顺序、问卷排版布局<br>5. 问卷定稿，印刷成纸质问卷或在网络发布（教师根据实际情况，要求学生附上问卷纸质版或将电子版提交到指定位置）</td></tr>
<tr><td>实施调查</td><td colspan="4">选择合适的调查对象：</td></tr>
<tr><td>问卷统计与分析</td><td colspan="4">被调查人数：<br>被调查者来源：<br>回收问卷数：<br>有效问卷数：<br>主要结论：</td></tr>
</table>

续表

| | | |
|---|---|---|
| | 提出建议 | 1.<br>2.<br>3.<br>4.<br>5. |
| 任务实施 | 试拟企业工作方案 | 产品开发方向：<br>实施步骤：<br>策略技巧：<br>注意事项： |
| 教师评价 | | |

## 【思考实践】

1. 什么才是既符合市场需求，又体现时代特色，还包含中国传统文化特色的婚礼产品？

2. 调查对象的不同，抽取对象范围的不同，会对我们的问卷结果产生什么影响？

3. 问卷调查对婚礼产品开发的指导性和重要性体现在哪里？

# 任务三：明确婚庆服务市场定位

## 一、基本概念

市场细分、目标市场的选择和市场定位是企业营销机会选择过程中相互联系的3个环节。市场细分为企业展现多种机会；目标市场选择帮助企业寻找准备进入的最佳目标市场；企业选定目标市场后，对目标市场和自身产品进行定位。

1. 市场细分

市场细分，又称为市场分片、市场分割、市场分化或市场细化等。是指企业根据市场需求的多样性和购买者行为的差异性，把整个市场包括现实的消费者和潜在的顾客，划分为若干个具有某种相似点的顾客群，也称为细分市场，以便选择确定自己的目标市场。

所以要注意，市场细分并不是产品的分类，而是将顾客分类。市场细分的基础是消费者需求的差异性。

2. 目标市场

目标市场就是企业决定要进入的市场。企业在对整体市场进行细分后，要对各细分市场进行评估，然后根据细分市场的市场潜力、竞争状况、本企业资源条件等多种因素，决定把哪一个或者哪几个细分市场作为目标市场。一般来说，有一定规模、有潜力、有长期内在吸引力、符合企业目标和能力的市场，会成为企业选择的对象。

3. 市场定位

市场定位，也被称为产品定位或竞争性定位，是指根据竞争者现有产品在细分市场上所处的地位和顾客对产品某些属性的重视程度，塑造出本企业产品与众不同的鲜明个性或形象，并传递给目标顾客，使产品在细分市场上占有强有力的竞争地位。

也就是说，市场定位是塑造一种产品在细分市场上的位置。产品的特色或个性可以从产品实体上表现出来，如外观形状、成分、构造、性能等；也可以从消费者心理上反映出来，如豪华、朴素、时髦、典雅等；还可以表现为价格水平、质量水平。

企业在市场定位的过程当中，一方面是要了解竞争者产品的市场地位和定位，另一方面要研究目标顾客对该产品各种属性的重视程度，选定本企业产品的独特形象和特色，从而完成产品的市场定位。

几个不同品牌的市场定位案例：

### 案例 1：某汽车品牌力争成为年轻人的第一辆汽车

与大多数汽车品牌争夺事业有成的中年人不同，某汽车品牌将目标客户群体锁定在那些对新生事物感兴趣、富于想象力、崇尚个性、思维活跃、追求时尚的年轻人身上。为此，他们开发了与市场上的汽车截然不同的鲜艳亮丽车辆外形，并在车上搭载了当时最为先进时髦的多媒体系统，还将价格定位在比较实惠的位置，从实用、休闲、娱乐和性价比方面，全面迎合自己的定位市场和目标客户。车辆品牌个性突出“时尚、价值、自我”，从而成功抢占了年轻人的市场，成为许多年轻人考完驾照后的“第一辆车”。

### 案例 2：某饮料品牌定位自己“是饮料，不是药”

某广东传统凉茶饮料因为其草本配方，具有防止人上火的功能。但这一功能也给目标客户们带来了一定的认知误区，那就是客户觉得“我不上火的时候没必要喝”，潜意识里觉得那是一种具备治疗效果的药品。此时，品牌需要将自身的饮料定位与普通的药品区分开来。为此，品牌选择了在广告中让该饮料与烧烤、火锅等使用场景深度绑定，以达到潜移默化影响目标客户认知的作用。

### 案例 3：某冰激凌品牌锁定“品质化消费”

某冰激凌品牌，将目标客户群锁定在注重感官享受、宠爱自己、喜欢浪漫、看重愉悦消费体验、经济较为宽裕的较年轻人群。这群人拥有一定的消费能力，接受过良好的教育，追求生活品位和情调，喜欢借助消费来彰显个性。因此，该冰激凌品牌一方面定位于冰激凌中不常见高定价，另一方面强调自身冰激凌中健康、天然、高品质的成分，再有就是在冰激凌的外形包装和店面场景中注重格调设计，极力塑造浪漫氛围，充分迎合了这个群体的品位和追求。该冰激凌以成功的定位，成为全球首屈一指的冰激凌品牌。

## 二、常用方法

1. 通过市场细分寻找目标市场的方法：系列变量因素法

系列变量因素法，是企业依据影响需求倾向的多种因素对某一产品市场由大到小、由粗到细地按一定顺序逐步进行市场细分。例如，某皮鞋品牌运用本方法寻找目标市场的过程如图 2–2 所示。

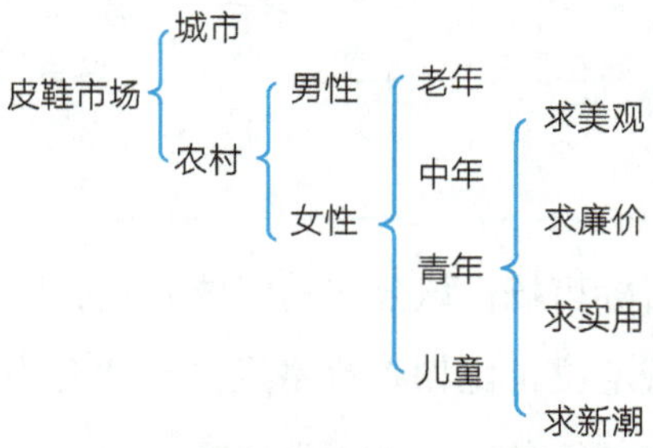


**图 2-2　某皮鞋用系列变量因素法寻找目标市场**

在此方法当中，我们可以根据企业经营的特点，并按照影响消费者需求的诸因素，将系列因素罗列出，如按照地理位置（城市、郊区、县城、农村、山区）、性别、年龄、收入、职业、购买动机、消费能力、购买偏好等变量细分市场。

根据婚庆企业和婚礼产品的特点，某婚庆企业（A 公司）进行市场细分的过程如图 2–3 所示。

| 地理位置 | 年龄 | 月收入 | 办婚礼动机 | 婚礼偏好 |
|---|---|---|---|---|
| 一线城市 | 20 岁以下 | 3000 元以下 | √见证爱情 | √传统 |
| √二三线城市 | √ 20—35 岁 | √ 3000—5000 元 | 炫耀能力 | √浪漫 |
| 四五线城市 | 35—45 岁 | √ 5001—8000 元 | √给父母交代 | 个性 |
| 郊区 | 45—50 岁 | 8001—10000 元 | 随波逐流 | 高贵大气 |
| 县城 | 50 岁以上 | 10000 元以上 | 标榜个性 | 简单朴实 |

**图 2-3　A 公司市场细分系列变量因素示意图**

根据图 2–3 可以得出，A 公司的目标市场是：位于二三线城市、收入中等、需要能够传递亲情爱情的婚礼、追求婚礼美观性和实用性的消费者。分析出了这个目标市场，我们就可以针对这个目标市场上消费者的需求，打造能够打动他们的产品。

2. 市场定位策略方法

表 2-2 定位策略表

| 从产品角度定位 | 从竞争角度定位 | 从目标消费者角度定位 |
|---|---|---|
| 产品特质定位<br>使用 / 应用方向定位<br>利益定位<br>竞争者定位<br>消费者定位<br>类别定位<br>品质定位<br>价格定位 | 避强定位（寻找市场空白）<br>迎头定位（与强者对着干）<br>重新定位（变动产品特色，让消费者重新认知自己） | 第一定位（争当行业第一）<br>强化定位（强化已有地位，如百年老店）<br>集团定位（定位于某一集团） |

根据 A 公司选择的目标市场，该公司的定位方式有以下几种。

可以从产品角度进行定位，比如将价格定位于适合中等收入人群的价格，或者将婚礼产品的特质定位为大众型；

也可以从竞争角度定位，如避开 A 公司所在地最为热门的酒店婚礼，寻找市场空白，定位于婚礼堂婚礼；

从目标消费者角度定位，如 A 公司可以选择争当本地婚礼堂第一，等等。

## 三、注意事项

调研时要围绕婚庆企业和婚庆产品本身的特点，进行资料收集，力求符合行业、企业、产品特质。

根据市场因素分析企业的市场细分时，要按照实际情况对相关因素进行增减和设置。

运用市场定位策略对产品进行定位时，要选择适合企业和产品的相应部分策略，并把这部分策略的结果结合起来考虑产品定位。

## 【任务导入】

某婚庆企业，为了顺应国家提倡“文化自信”的大潮，想要新开发一系列中式婚礼产品。

在作出决定之前，该企业需要进行市场细分，找到目标市场，最终确定自己的中式婚礼产品定位。

请寻找一家现实中的婚庆企业作为你的研究目标，通过市场细分、市场定位的方法，帮助该企业找到中式婚礼产品的定位。

## 【任务分析】

### 一、主要解决的问题

1. 帮助企业找到合适的目标市场。

2. 根据企业的目标市场，帮助企业找到合适的中式婚礼产品定位，包括婚礼风格、婚礼构成、婚礼的质量价格等。

### 二、制订方案

根据分析的结果，为企业制定具体的产品开发方向。

### 三、主要训练目标

能够认识市场定位对企业产品的重要性，掌握市场细分的重要方法。

## 【任务实施】

### 一、操作流程图

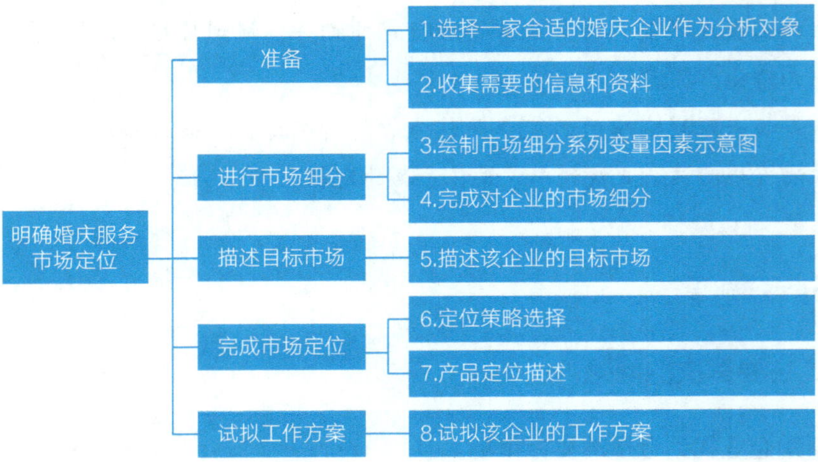


### 二、操作注意事项

1. 操作前除了要熟悉分析的对象企业外，还要熟悉其所在地的相关竞争情况。

2. 操作前要尽可能地了解企业所在地的经济情况、消费情况。

3. 要了解当地（或发展状况相似地区）的中式婚礼产品情况，再给出建议。

## 【任务工单】

（工单中写不下的部分可以另附纸完成）

<table>
<tr><td>任务名称</td><td>明确婚庆服务市场定位</td><td>学时</td><td></td><td>培训对象</td><td></td></tr>
<tr><td>学生姓名</td><td></td><td>联系电话</td><td></td><td>任务成绩</td><td></td></tr>
<tr><td>任务设备</td><td></td><td>操作时间</td><td></td><td>操作地点</td><td></td></tr>
<tr><td>任务目的</td><td colspan="5">1. 掌握市场细分、目标市场、市场定位的内涵<br>2. 能为企业找到合适的目标市场<br>3. 能够根据目标市场，为企业产品提出具体的定位建议</td></tr>
<tr><td rowspan="3">任务实施</td><td>准备：资料收集</td><td colspan="4">1. 目标婚庆企业情况摘要<br>2. 当地婚庆企业竞争状况摘要<br>3. 当地经济状况、消费状况摘要</td></tr>
<tr><td>市场细分</td><td colspan="4">1. 市场细分系列变量因素示意图绘制<br>2. 结论：目标市场描述</td></tr>
<tr><td>产品定位</td><td colspan="4">1. 定位策略选择<br>2. 产品定位描述</td></tr>
</table>

续表

| | | |
|---|---|---|
| 任务实施 | 试拟企业工作方案 | 产品开发方向：<br><br>实施步骤：<br><br>策略技巧：<br><br>注意事项： |
| 教师评价 | | |

## 【思考实践】

1. 该婚庆企业的产品定位方案可否有多于一种选择？

2. 如果结合本章节的任务一、任务二进行思考，我们的结论是否会不同？

3

# 项目三　分析婚礼服务产品购买行为

俗话说："商场如战场。"但在商战中不能只盯着竞争者，而撇开消费者。事实上，争取到消费者的认同才是赢得竞争优势的关键。因此，准确把握服务市场消费者的需求特点和购买行为特点，赢得消费者的认同，对于制定企业营销策略非常重要。本项目我们将对消费者购买行为进行分析，为营销管理者制定营销策略提供依据。

## 【任务目标】

### 知识目标

1. 了解消费者行为模式。
2. 熟悉影响消费者购买行为的主要因素。
3. 掌握消费者购买决策过程。

### 能力目标

1. 能够分析消费者购买行为的主要影响因素，并在营销中予以控制。
2. 把握消费者决策的内容，能在营销中给予有效应对。

### 素质目标

1. 树立顾客至上的服务意识。
2. 学会换位思考。

### 思政目标

1. 培养敬业诚信友善的品质。
2. 培养社会责任感。

# 任务一：分析影响消费者购买行为的因素

## 一、对消费者及购买行为的界定

1. 消费品的含义

产品可分为工业品和消费品。相应地，产品市场可分为生产资料市场和消费者市场，而客户类型可分为工业用户和消费者。工业品是用于制造其他产品或服务，用于促进企业生产经营以及向其他消费者转售的产品。例如，咖啡饮用者购买咖啡豆回来自己煮咖啡，则此时咖啡豆便是消费品，咖啡饮用者便是消费者；而星巴克购买咖啡豆用来制作向客户售卖的咖啡，则此时咖啡豆便是工业品，星巴克便是工业用户。

表3-1 关于消费者的几种相关概念

| 产品类型 | 客户类型 | 市场类型 | 营销类型 |
|---|---|---|---|
| 消费品 | 消费者 | 消费市场 | 消费营销 |
| 工业品 | 工业用户 | 生产资料市场 | 工业营销 |

2. 消费者的含义

在市场营销中研究的消费者通常是指为满足个人或家庭的生活需要，不以营利为目的而购买、使用商品或接受服务的人。强调的是为了满足各种需要而进行消费，其购买商品的目的不是经营或销售，这是消费者最本质的特点。

3. 消费者行为模式

消费行为是人类社会生活中最具普遍性的一种行为活动。在千差万别的消费行为中，也存在着某种规律性的东西。消费行为模式是指用于表述消费者购买行为过程中的全部或局部变量之间因果关系的图示的理论描述。西方学者在深入分析的基础上，揭示了消费行为中的一些共性和规律性，并将其归结为多种消费模式，并以此作为研究和分析消费行为的系统及基本架构。在这里，比较典型的是刺激－反应模式。

由于购买行为是人类行为的组成部分，因此，任何消费者的购买行为都脱离不了人类行为的一般模式，即S–O–R模式。其中，S代表刺激，O代表个体特征与个体心理，R代表反应。也就是说，个体通过接受刺激，经历心理活动，最后产生行为反应。所有消费者的行为都是由刺激引起的，这种刺激既可以来自外部环境，也可以来自有机体自身。有学者把消费者受到外部刺激后，经过一定的心理过程，产生相应行为反应的过程，叫作消费者的刺激－反应模式，如图3–1所示。

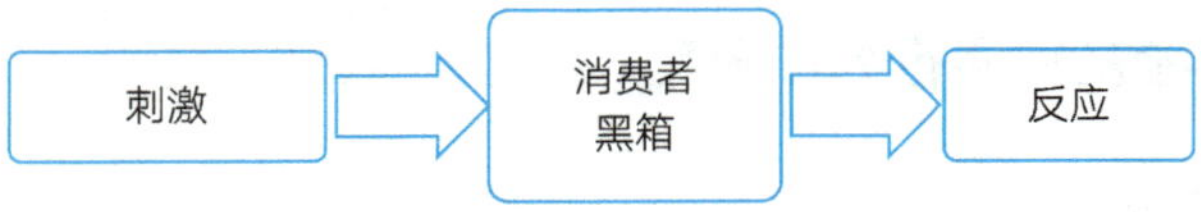


**图3-1　消费者的刺激－反应模式**

其中，介于消费刺激与购买行为之间的心理过程也称消费者黑箱。所谓“黑箱”，是指人们不能或暂时无法分解或剖开以直接观察其内部结构，或分解、剖开后其结构和功能遭到破坏的系统。黑箱的概念只具有相对的意义。因为消费者的心理过程对企业而言是不易琢磨的，因此，借用此概念。而对企业来讲，对消费者购买行为的分析，最重要的恰恰是对消费者黑箱中发生的情况的分析和研究，以便安排适当的消费刺激，使消费者产生有利于企业市场营销的反应。

美国著名营销学者菲利普·科特勒则进一步扩展了消费者的刺激－反应模式。如图3–2所示。

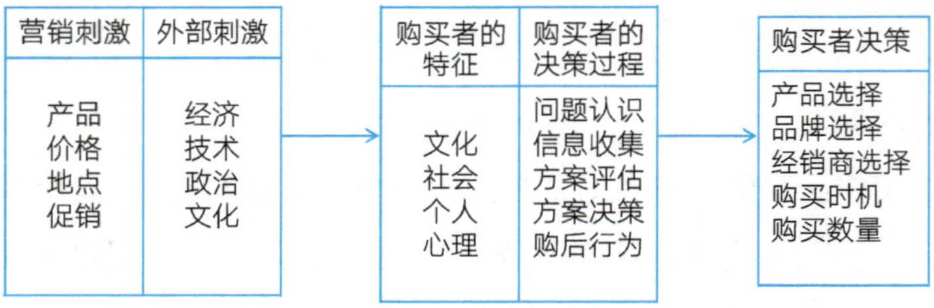


**图3-2　菲利普·科特勒的消费者行为的刺激－反应模式**

## 二、分析影响消费者购买行为的因素

消费者的购买行为和购买决策在很大程度上受到文化、社会、个人等因素的影响。

1. 文化因素

文化是指人类在社会发展过程中所创造的物质财富和精神财富的总和，是根植于一定的物质、社会和历史而形成的特定价值观念、信仰、思维模式、宗教、习俗的综合体。每一个人都在一定社会文化环境中成长，通过家庭和其他主要机构的社会化过程学到和形成了基本的文化观念。文化是决定人类需要和行为的基本要素，文化因素对消费者的行为具有最广泛和深远的影响，是造成不同区域、不同阶层消费者需求差异的重要因素。文化因素对于婚庆服务这样的文化产业来说，其影响尤其巨大，甚至说是第一大因素。

文化主要有以下几个特征：一是具有明显的地域属性；二是具有很强的传统属性；三是具有间接影响的作用。

分析文化因素，还要注意亚文化与社会阶层等方面的内容：

（1）亚文化。就是每个文化都包含着能为其成员提供更为具体的认同感和社会化的较小群体。包括地域亚文化、民族亚文化、宗教亚文化等。

（2）社会阶层。社会阶层是社会学家根据职业、收入来源、教育水平、价值观和居住区域对人们进行的一种社会分类，是按层次排列的、具有同质性和持久性的社会群体。同一社会阶层的人拥有相类似的价值观、兴趣和行为，在消费行为上相互影响并趋于一致。

2. 社会因素

消费者的购买行为也经常受到一系列社会因素的影响。影响消费者购买行为的社会因素主要包括消费者的相关群体、家庭、角色和地位等。

（1）相关群体。是指能够影响消费者的消费态度、价值观念和购买行为的个人或集体。一个人的消费习惯、生活方式、对产品品牌的选择都在不同程度上受相关群体的影响。相关群体又可分为成员群体和参照群体。

一个人所属的对他有直接影响的群体叫作成员群体。比如朋友、邻居和同事、行业协会、工会等；参照群体是指在一个人的态度和行为形成过程中起着直接或间接比照作用的，或仅供参考的群体。人们常常受参照群体的影响，比如一个喜欢打篮球的少年特别崇拜 NBA 球星，这些球星就成为他的参照群体，这些球星所代言的广告就会极大地影响他的购买行为。

相关群体对消费行为的影响主要表现在三个方面：一是示范性，即相关群体的消费行为和生活方式为消费者提供了可供选择的模式；二是仿效性，即相关群体的消费行为引起人们仿效的欲望，影响人们的商品选择；三是一致性，即由于仿效而使消费行为趋于一致。相关群体对购买行为的影响程度视产品类别而定。

（2）家庭。家庭是社会组织的一个基本单位，是社会中最重要的消费品购买单位，大部分的消费行为是以家庭为单位进行的。家庭对消费者购买行为的影响主要体现在三方面：一是家庭权威中心，二是家庭规模，三是家庭生命周期。

在东方国家，家庭对于婚姻的影响力是众所周知的。婚庆公司的营销人员甚至经常发现新人的父母乃至别的亲戚会陪同过来选择婚礼的样式。如果父母比较有社会地位或文化水平，他们同社交圈的人也在婚礼的现场，当新人婚礼的风格出现低俗、闹场的局面，父母的面子是过不去的。

（3）角色和地位。每个人的一生会从属于许多群体，如家庭、公司、社团及各类组织。一个人在群体中的位置可用角色和地位来确定。角色是周围的人对一个人的要求或一个人在各种不同场合应起的作用。比如，某人在孩子面前是父亲，在妻子面前是丈夫，在公司里是经理。每一种身份都伴随着一种地位，反映了社会对他的总体评价。消费者作出购买选择时往往会考虑自己的角色和地位。企业可以根据消费者的需求，将服务设计为专为某种角色和地位的人群的关联服务。

3. 个人因素

服务购买者作出购买决定还受到个人因素的影响。例如，消费者的经济条件、生活方式、心理因素等。

（1）经济因素。经济因素指消费者可支配收入、储蓄、资产和信贷的能力。经济因素是影响购买行为的首要因素，决定着能否发生购买行为及发生何种规模的购买行为，决定着购买服务的种类和档次。

（2）年龄与性别。年龄与性别是消费者最为基本的个人因素，具有较大的共性特征。在 30 岁结婚与在 50 岁时结婚，对婚礼的选择上必然存在一定的生理和心理上的差别。因此，所需的商品与服务也不尽相同。对同一商品或服务的评价、选择的角度与价值观念等也会存在较大差异。

（3）职业与教育。职业与教育实际上是社会阶层因素在个人身上的集中反映。从事一定的职业以及受过不同程度教育的人会产生明显的消费行为差异。

（4）生活方式。反映了人们怎样花费时间和金钱的态度及其所作的消费抉择的形式。生活方式与一个人的个性与自我概念有较高的关联度。

（5）心理因素。心理因素也是影响消费者购买决定的主要因素。因此，对消费者的心理过程和个性的分析将有助于营销。心理因素主要包括：消费者的认知、情绪、需要和动机，以及价值观等。

① 认知。又称认识，是指人们获得和应用知识的过程。消费者在选购服务产品前，都是通过视觉、听觉等对服务产品进行感知，进而才有可能进入服务决策过程。在营销中，商家提供的营销刺激只有被消费者有效接收，并留下良好的印象，

才有机会被消费者所选择。

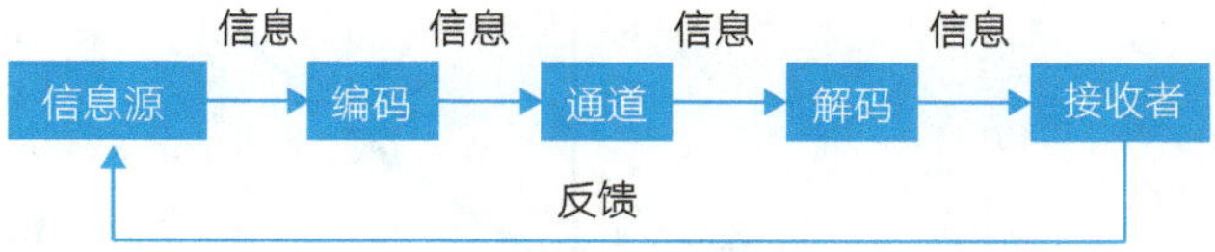


图 3-3 沟通过程模型

② 情绪。也即通常所说的喜怒哀乐等情感，是指人对客观事物是否满足自己的需要而产生的态度体验。比如，接待人员热情的态度满足了来访客户受尊重的需要，进而令客户感受到愉悦的情绪。在现实生活中，消费者的购买决策并不都是完全理性的，在很多情况下，消费者的购买决策还受到情感因素的左右。因此，商家通常都非常注意营销过程中消费者的情绪体验。

③ 需要。或称需求，是与动机紧密相连的。需要是个体在生存和发展的过程中，感受到生理和心理上对客观事物的某种要求因而产生的内部缺乏或不平衡状态。

关于需求的分类，最有代表性的是美国心理学家马斯洛的需求层次理论。理论提出：人的需要包括不同的层次，而且这些需要都是由低层次向高层次发展的。层次越低的需要强度越大，人们优先满足较低层次的需要，再依次满足较高层次的需要。个体的需求（或需要）由低到高可以分为生理需求、安全需求、爱和归属需求、尊重需求，以及自我实现需求。此理论被社会各领域广为应用，如图 3-4 所示。

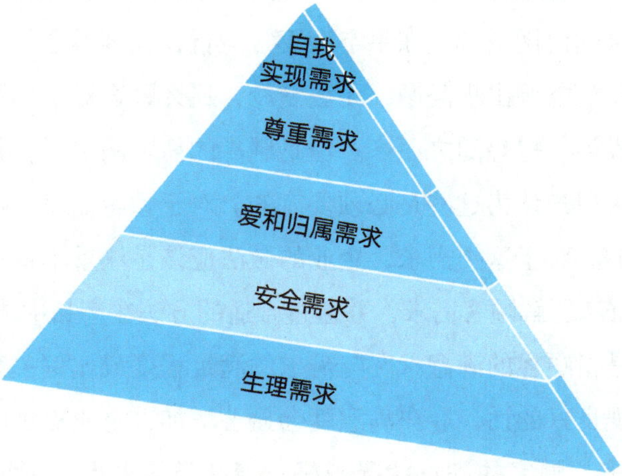


图 3-4 马斯洛的需要层次理论

此外，在消费心理学领域，日本学者狩野纪昭（Noriaki Kano）提出了 KANO 模型，把消费者需求分为基本型需求、期望型需求和兴奋型需求三类。

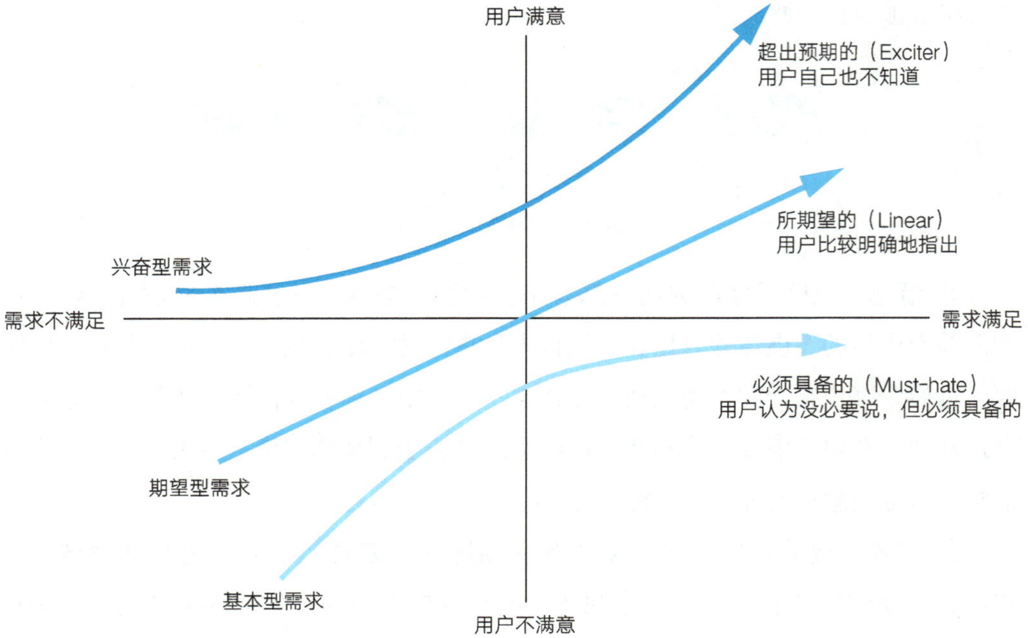


**图 3-5　KANO 模型**

其中，基本型需求是顾客对企业提供的产品或服务因素的基本要求。是顾客认为产品“必须有”的属性或功能。当其特性不充足（不满足顾客需求）时，顾客很不满意；当其特性充足（满足顾客需求）时，顾客也可能不会因而表现出满意。对于基本型需求，即使超过了顾客的期望，但顾客充其量达到满意，不会对此表现出更多的好感。不过只要稍有一些疏忽，未达到顾客的期望，则顾客满意将一落千丈。例如，夏天家庭使用空调，如果空调正常运行，顾客不会为此而对空调质量感到满意；反之，一旦空调出现问题，无法制冷，那么顾客对该品牌空调的满意水平则会明显下降，投诉、抱怨随之而来。但是制冷的需求满足后，并不能带来用户满意度的增加，因为用户认为这些是必须要有的。对于顾客而言，这些需求是必须满足的，理所当然的。对于这类需求，企业的做法应该是注重不要在这方面失分，需要企业不断地调查和了解顾客需求，并通过合适的方法在产品中体现这些要求。

期望型需求是指顾客的满意状况与需求的满足程度成比例关系的需求，此类需求得到满足或表现良好的话，客户满意度会显著增加，企业提供的产品和服务水平超出顾客期望越多，顾客的满意状况越好。当此类需求得不到满足或表现不好的话，客户的不满也会显著增加。期望型需求没有基本型需求那样苛刻，要求提供的产品或服务比较优秀，但并不是“必须”的产品属性或服务行为。有些期望型需求连顾客都不太清楚，但却是他们希望得到的，也叫用户需求的痛点。这是处于成长期的需求，客户、竞争对手和企业自身都关注的需求，也是体现竞争能力的需求。对于这类需求，企业的做法应该是注重提高这方面的质量，要力争超过竞争对手。在市场调查中，顾客谈论的通常是期望型需求。

兴奋型需求是指不会被顾客过分期望的需求。随着满足顾客期望程度的增加，顾客满意度也会急剧上升，但一旦得到满足，即使表现并不完善，顾客表现出的满意状况则也是非常高的。反之，即使在期望不满足时，顾客也不会因而表现出明显的不满意。当顾客对一些产品或服务没有表达出明确的需求时，如果企业提供给顾客一些完全出乎意料的产品属性或服务行为，使顾客产生惊喜，顾客就会表现出非常满意，从而提高顾客的忠诚度。这类需求往往是代表顾客的潜在需求，企业的做法就是去寻找发掘这样的需求，领先对手。例如，一些著名品牌的企业能够定时进行产品的质量跟踪和回访，发布最新的产品信息和促销内容，并为顾客提供最便捷的购物方式。对此，即使另一些企业未提供这些服务，顾客也不会由此表现出不满意。

在实际操作中，企业首先要全力以赴地满足顾客的基本型需求，保证顾客提出的问题得到认真的解决，重视顾客认为企业有义务做到的事情，尽量为顾客提供方便，以实现顾客最基本的需求满足；其次企业应尽力去满足顾客的期望型需求，这是质量的竞争性因素。提供顾客喜爱的额外服务或产品功能，使其产品和服务优于竞争对手并有所不同，引导顾客加强对本企业的良好印象，使顾客达到满意；最后争取实现顾客的兴奋型需求，为企业建立最忠实的客户群。

④ 动机。动机是引起、维持和推动个体行为，并使个体行为朝着一定方向、达到一定目标的内部动力。需要是动机产生的原因，动机是行为的直接原因。需要转化为购买动机，必须要满足两个条件：一是内在条件，也就是说需要达到一定强度；二是外在条件（诱因），要有能满足需要的合适的购买目标。购买行为和购买目标之间是一种引发性、循环性和反馈性的关系。

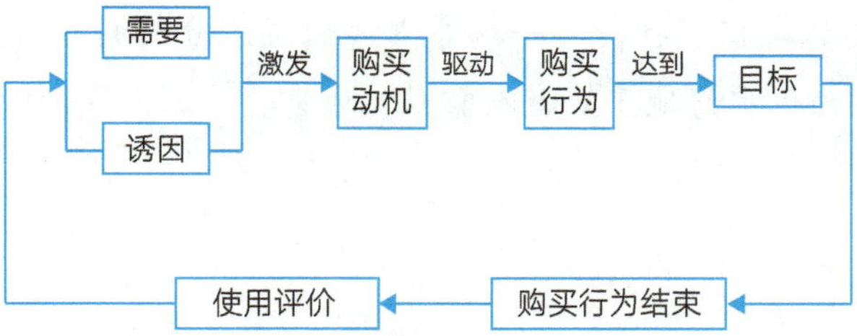


**图 3-6 购买动机的形成**

⑤ 价值观。价值观是人们用来区分好坏标准并指导行为的心理倾向系统。它是浸透于整个个性之中支配人的行为、态度、观点、信念、理想的一种内心尺度，处于个性倾向性的最高层次，制约和调节人的需要、动机等个性倾向性成分。当然，价值观也会影响人的消费行为。

总的说来，消费者的购买行为是文化、社会和个人因素之间相互影响和作用的结果。其中很多因素是企业及其市场营销活动无法改变的，但这些因素在识别诸如哪些消费者对产品有兴趣等方面颇有用处，其他因素则受到企业及其市场营销活动的影响，企业可以有效借助产品、价格、渠道和促销等策略，诱发消费者的购买行为。

| 文化因素 | 社会因素 | 个人因素 |
| --- | --- | --- |
| 文化 | 相关群体：成员群体 | 经济 |
| 亚文化 | 参照群体 | 年龄与性别 |
| 社会阶层 | 家庭 | 职业与教育 |
| | 角色与地位 | 生活方式 |
| | | 心理因素：认知、情绪、需要和动机，以及价值观等 |

**图 3-7　影响消费行为的因素**

## 【任务导入】

家住东部地区某省会城市的一对新人——屈辉（化名），男，27 岁；米乐（化名），女，27 岁——准备举办婚礼。基本情况如下：双方母亲是同学兼好友，两家往来较多。屈辉的父母在当地机关单位工作，米乐的父亲在机关单位任职，母亲在某中学教书。屈辉和米乐从小就接触较多，除了大学异地 4 年外，其他时间都在一家学校读书，可谓是青梅竹马。男为银行员工，女为当地某重点高中的教师。请你从文化、社会、个人等因素出发，分析新人可能有哪些婚礼服务需求。此外，为了更好地了解新人需求，还需要了解新人的哪些情况？

## 【任务分析】

该任务旨在考察影响消费者购买行为的影响因素。因此，从文化、社会、个人等方面进行具体分析就可以了。

## 【任务实施】

### 一、操作流程图

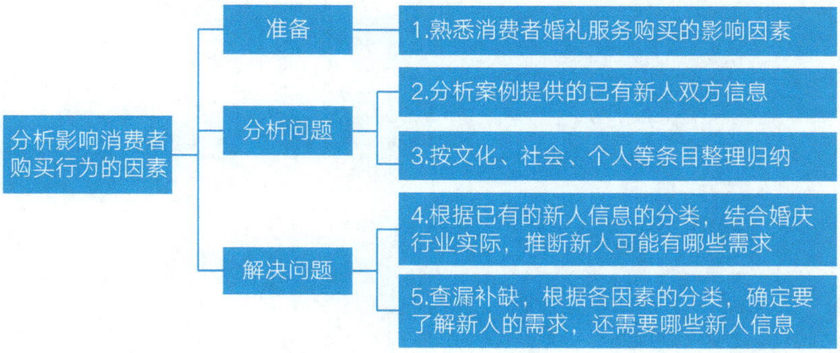


### 二、操作注意事项

1. 分析时要注意条理清晰。

2. 要紧密结合婚庆行业实际。

## 【任务工单】

| | | | | | |
|---|---|---|---|---|---|
| 任务名称 | 分析影响消费者购买行为的因素 | 学时 | | 培训对象 | |
| 学生姓名 | | 联系电话 | | 任务成绩 | |
| 任务设备 | | 操作时间 | | 操作地点 | |
| 任务目的 | 1. 分析消费者购买行为的主要影响因素<br>2. 学会换位思考<br>3. 培养良好的服务意识和社会责任感 | | | | |
| 任务实施 | 准备 | 熟悉消费者婚礼服务购买的影响因素 | | | |
| | 分析问题 | 1. 分析案例提供的已有新人双方信息<br>2. 按文化、社会、个人（经济、年龄与性别、职业与教育、生活方式、心理）等条目整理归纳 | | | |

续表

| | | |
|---|---|---|
| 任务实施 | 解决问题 | 1. 根据已有的新人信息的分类，结合婚庆行业实际，推断新人可能有哪些需求<br><br>2. 查漏补缺，根据各因素的分类，确定要了解新人的需求，还需要有哪些新人信息 |
| 教师评价 | | |

## 【思考实践】

在婚庆业务洽谈中，可以从哪些方面有效地获取新人信息，从而准确分析客户需求？

# 任务二：分析服务购买决策过程

从一定意义上讲，购买行为的全过程实际上就是消费者不断进行决策的过程。首先，决策的进行与否，决定着购买行为的发生与否；其次，决策的内容规定着购买行为的发生方式；最后，决策的质量决定着购买行为的效用大小。正确的决策可以促成消费者以较少的费用、时间购买到称心如意的商品，最大限度地满足特定的消费需要。反之，错误的决策不但使消费者的所费超过所得，需要无法得到全部满足，而且可能导致不同程度的经济、时间的浪费和损失，进而对以后的购买行为产生不利影响。因此，决策在消费者购买行为中占据重要地位。

## 一、服务购买决策的参与者

消费者消费虽然以一个家庭为单位，但参与购买决策的通常并非一个家庭的全体成员，许多时候是一个家庭的某个或某几个成员，人们在一项决策过程中可能充当以下角色，见表3–2。

表3-2 基于消费角色的消费者分类

| 分类 | 概念 |
| --- | --- |
| 发起者 | 首先提出或有意购买某一产品或服务的人 |
| 影响者 | 其看法和建议对最终购买决策具有一定影响的人 |
| 决定者 | 在是否购买、哪里买等方面作出部分或全部决定的人 |
| 购买者 | 实际执行购买活动的人 |
| 使用者 | 实际消费或使用产品、服务的人 |

企业有必要区分和认识以上角色，尽量使自己的经营适应目标市场消费过程中起重要作用的各种角色，尤其是起决定作用的角色。因为这些角色对于开发产品、确定信息和安排促销方式及预算是有关联意义的。例如，某老年保健品“脑白金”就很好地区分了购买者和使用者，它抓住年轻人愿意通过一份恰当的礼品对父母表示一片孝心的心理，将产品定位于“老人礼品”，广告策划以子女对父母的孝

敬为主题，从而使“脑白金”在人们心中树立起孝敬老人的“礼品”形象，其广告语“今年过节不收礼，收礼只收脑白金”进一步刺激了子女的购买欲望。又如，实际消费婚礼庆典服务的是新人，但是影响他们购买行为的不一定只是新人双方，还包括其家人、好朋友等。因此，企业经营者在营销策划与实施时一定要充分考虑消费者的不同角色。

## 二、服务购买决策的过程

1. 购前阶段

购前阶段是指消费者购买服务之前的一系列活动。当消费者意识到有某种服务需求时，这一阶段就开始了。随着这种需求不断增强，消费者开始着手准备购买。这时，消费者会从各种渠道收集有关信息，他们首先会回忆以往所了解或体验到的有关知识，试图从中找到解决方法，同时向亲朋好友等征求意见和建议，或者上网查阅信息、向专业人士咨询等，最后确定出最佳的选择方案。

2. 购买阶段

经过购买前的一系列准备，消费者的购买过程进入实际购买阶段。对于有形产品而言，通常包括购买、使用和废物处理等不同过程。然而，由于服务具有生产和消费同时进行的特点，消费者购买服务的过程也就是服务生产的过程。在这一过程中，顾客不是同其直接消费的物品打交道，而是表现为同服务提供人员及其设备相互作用的过程。有形产品的使用是完全独立于卖方影响的，至于消费者何时使用、怎样使用及在哪里使用都是他们自己的事，同产品的提供者没有任何关系。对于服务来讲，则有着不同的情形。服务生产与消费同时进行的特征意味着服务企业在顾客享用服务的过程中将起到重要作用。离开服务提供者，服务的过程是无法进行的，因为服务提供者同顾客一道构成了服务过程的两大主体。同时各种服务设施的作用也不容忽视，这些设施是服务人员向顾客提供服务的工具，它们给顾客的印象还将直接影响到顾客对企业服务质量的判断。此外，由于服务传递过程的延长，顾客对产品的评价不单单是在购买之后的阶段，而在过程中就已经发生。

3. 购后评价阶段

让顾客满意是企业营销过程的最终目的，而顾客的满意则来自他们对服务质量的评价。顾客对服务质量的判断取决于体验质量和预期质量的对比，而预期质量受市场沟通、企业形象、顾客口碑及其需求的影响。从购买过程的层面上看，服务的过程有别于有形产品的过程，因为后者一般包括购买、使用和处理 3 个环节，而且这3个环节的发生遵循一定的顺序并有明确界限。比如，顾客从超市购买一瓶洗涤剂，在洗衣服时使用，当所有的洗涤剂用光之后就把空瓶子扔掉。而服务的过程则有些不同：一方面，在服务交易过程中并不涉及产品所有权的转移，因此，服务的过程也没有明显的环节区分，这些所谓的环节都融合为顾客与服务人员互动的过程；另一方面，服务不可感知性的特点，使得服务处理的过程同消费者体验到的整个服务过程会有所差异。所以，服务的购后评价是一个比较复杂的过程。它在顾客作出购买决策的刹那间就开始了，并延续至整个过程。顾客的评价不仅受到前述因素的影响，而一些来自社会和环境方面的因素也将起到很大作用。从某种意义上说，顾客的评价如何将取决于企业是否善于管理顾客与顾客、顾客与员工、顾客与企业内部环境及员工与内部环境之间的关系。

## 三、服务购买决策的主要内容

在购买前，消费者的决策会遇到各种各样的问题，而且消费者必须对这些问题作出决策。从一般意义上归纳起来，主要有以下几个方面的问题。

1. 为什么购买（Why）

即权衡购买需要和购买动机，并决定是否应当采取购买行为。这是一个基本的购买决策。消费者的购买需要和购买动机复杂多样，而且往往有较大的差异。例如，同样是购买婚礼服务，有的消费者是为了社交需要，有的消费者是为了攀比，有的消费者是关注性价比等。营销人员应当用“消费者的眼光”来了解商品，搞清楚：消费者为什么要买我的服务？为什么不买？在消费者眼中，自己的商品到底好在哪里？消费者的购买需要往往是多元化的，因此其购买动机也是复杂的，不局限于某单一因素。因此，营销人员还要从多方面透视消费者的深层动机，并从中挖掘出最主要、最有影响力的“优势动机”，以便集中力量有效应对。

2. 购买什么（What）

即确定购买对象（包括商品的类别与品牌），这是决策的核心问题。购买什么是由为什么购买所决定的。决定购买目标不是只停留在一般类别的商品上，而是要确定具体的购买对象及其具体的内容，即确定购买商品的名称、商标或牌号、产地、规格、等级、款式、价格、包装和售后服务等。在消费者购买行为中，一般是从众多品牌中选择出最适合自己的。因此，营销人员应该建立这样一个重要概念：任何产品都是可以被替代的。必须要搞清楚：竞争者是谁？目标消费者以本产品替代什么产品？或有可能以什么产品替代本产品？这些同类商品之间的优劣关系是怎样的？这些问题也涉及消费者的“品牌忠诚度”。营销人员应当设法增加忠诚于己方品牌的消费者人数及其购买量，同时改变其他品牌的忠诚消费者的购买行为。

西方经济学往往把消费者视为“经济人”，常用“效用”的概念来解释消费者对商品的选择。消费者通过购买商品以及对商品的使用，能够使自己某些方面的需要得到满足，从而获得生理或心理上的愉悦与满足。所谓商品效用就是指消费者从消费该商品中所获得的满意程度。商品的效用大小受多种因素影响。比如对于集邮爱好者而言，任何一款有价值和纪念意义的邮票的效用极大，但在普通人眼里，它只是一个无用的东西。所以一个商品的效用与消费者需要的类型、强度等密切相关。

边际效用是指每增加一个单位数量的商品时，所增加的满意程度。西方经济学家认为，追求商品带来的最大满意度是人们消费商品的目的和愿望。随着消费商品数量的增加，给消费者带来的总的满意程度也会增加。而在消费者满意度增加的同时，每一单位商品给消费者带来的满意度却在减少。也就是说，边际效用呈现递减的规律。比如，顾客吃自助餐之前通常是比较饥饿的，开始吃时对每一种食物都非常受用，味道鲜美。随着肚子开始慢慢吃饱，食物的味道也开始慢慢变化。通常大多数人会吃到没有吃下去的欲望为止，如果此时再给他（她）吃东西的话，人就会觉得难以承受。从吃饱开始，每一种东西的边际效用开始下降。

按照西方经济学的观点，消费者应当按照等边际原理来进行决策，即在货币收入和商品价格一定的条件下，如果购买各种商品的边际效用与其所付价格的比例相同，就能获得效用总和最大化。换句话说，如果购买不同数量的各种商品所花费的单位货币能够提供的边际效用相等，可使货币总量能提供总效用的最大化。

但在现实中，人们作出消费决策有时不会考虑非常周全，并不能达到其效用的最大化，从而产生非理性消费行为。比如，“买椟还珠”的故事就是一个非理性消费行为的案例，还有消费者在商家强烈的促销活动攻势下购买了大量自己暂时并不需要的东西等。美国心理学与经济学专家卡尼曼（Daniel Kahneman）认为恰恰是人的非理性消费行为会影响到客观的市场，并由此获得了2002年度诺贝尔经济学奖。因此，营销人员不仅要考察商品的效用，也要考察消费者可能会有的非理性消费行为，并加以有效利用。

3. 何时购买（When）

即消费者确定购买时间。在传统购买模式下，消费者购买时间的影响因素包括消费的地点离消费者的远近、商品性质、季节、节假日、休闲时间、优惠时段、消费者需要的紧迫性、资金以及存货的多少等。商品的性质不同，购买的时间也不一样。当然，对于网络购买而言，消费者可以很方便地利用各种空闲时间进行购买，购买时间主要是由其需要的迫切程度来决定的。企业必须研究和掌握消费者购买商品的时间、习惯，以便合理调整营业时间和在适当的时间将产品推向市场。

4. 何处购买（Where）

即确定购买渠道和地点。渠道的选择包括多种销售业态，如是去直营店，还是去批发市场或者在网上购买等。购买地点是由很多因素决定的，比如商店信誉、路途远近、交通情况、可挑选的商品品种数量、价格、运送以及服务态度等。它既与消费者的惠顾动机有关，也和消费者的求廉、求速动机有关。

传统消费行为中，消费者的购买行为会受到商家场地的极大影响，包括距离、交通、营业时间等各方面的限制。但是在网络时代，配合新的发达的物流体系，地点与区域已不再成为人们的限制；同时完善的物流配送体系可以将消费者购买的物品配送至消费者指定的地点。消费者的购买行为也从以前的单一渠道，即实体店购买转变为复杂的跨渠道购买：在线查询—实体店购买；实体店体验—在线查询—在线购买；宣传单页（广告）—在线查询—在线购买；宣传单页（广告）—在线查询—实体店购买等多种形式的跨渠道购买行为。这种"信息搜索—购买转移"的消费行为是目前关注的热点，特别是从线下转移到线上。当然，这也为商家提供了更多的挑战与机会。

5. 如何购买（How）

即购买方式，是网购、电话购买、托人代购，还是自己去买；是现金购买，还是信用卡支付；是预购、一次性付款，还是分期付款等。现在，越来越多的消费者选择网络购物的方式。而在付款方式上，对一般消费品，消费者愿意一次性付款。对住房或汽车等高档耐用消费品，消费者则可能希望分期付款。对于婚庆服务而言，通常也是采用分阶段付款。

6. 购买多少（How many）

即确定购买的数量和频率。购买数量一般取决于消费者的实际需要、商品的使用周期、家庭人口、支付能力以及市场的供应情况等。一般而言，实际需要大，购买数量就多；商品使用周期长，购买数量就少；家庭人口多，购买数量就多；优惠幅度大，多买会优惠，也会刺激消费者增大购买数量；而市场供应充裕，购买数量就不会太多。企业要准确把握消费者的购买数量特点，这有助于生产和销售规模的掌握。

购买频率和购买数量之间有较为紧密的联系。在其他因素（指家庭人数、家庭收入、消费能力等）相似的情况下，一段时间内的消费总数差别并不显著，购买频率就会因购买数量的增加而减少。购买频率和购买数量从理论上讲存在负相关关系。

总之，一般消费者的决策，都是在外界各种信息的刺激下，决定购买什么、为什么购买、怎样购买、到哪儿去买、什么时候买以及买多少。无论消费者什么样的购买行为，都要对上述几方面的问题进行决策。

此外，消费者在作购买决策时，通常会选择感知价值最大、感知风险最小的方案。因此，商家还要尝试站在消费者的视角，积极展现自己的差异化竞争优势，减少消费者的感知风险，有针对性地实施营销。

## 【任务导入】

小方是某婚庆公司的一名年轻的婚礼顾问，谈单是她的主要工作，每天都会接触形形色色的客户。以下是小方遇到的不同客户在与小方交流中提出的问题，请问如果你是小方，你该如何一一回应。可以以两两同学间角色扮演的形式进行：

（1）客户：我不知道自己想要什么样的婚礼，怎么办？

（2）客户：摄影摄像服务我能自己解决吗？

（3）客户：在你们这里办一场婚礼大概要花多少钱？

（4）客户：你们收费太贵了，还能再优惠一点吗？

（5）客户：你们的服务与其他公司有什么不同？

## 【任务分析】

该任务涉及的都是顾客在决策中会思考的或者提出的常见问题。当然，婚庆服务顾客在决策中思考到的问题或者顾虑肯定不局限于以上5个。我们在这里的任务主要是抛砖引玉，鼓励同学们围绕消费者决策的内容，尝试站在消费者的角度去考虑消费者关注的重点是什么，进而根据消费者的需要去作有效的回应，帮助消费者获得满意的答案，进而激发消费者的购买行为。

## 【任务实施】

### 一、操作流程图

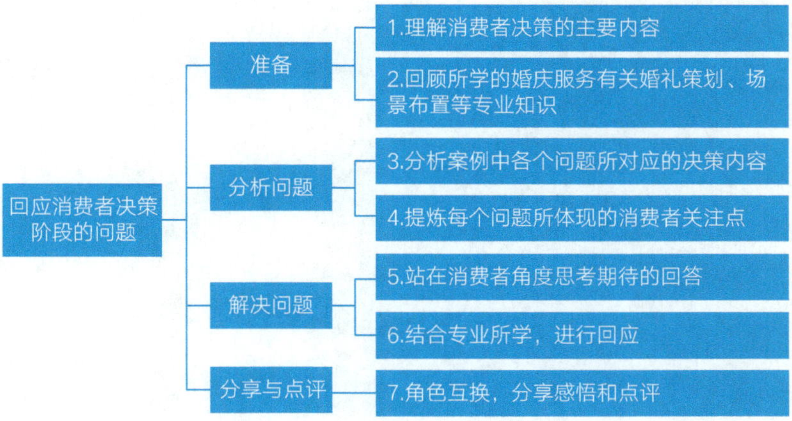


### 二、操作注意事项

1. 对婚庆专业知识有一定的了解。

2. 保持自信的姿态。

3. 能够换位思考。

## 【任务工单】

<table>
<tr><td>任务名称</td><td>回应消费者决策阶段的问题</td><td>学时</td><td></td><td>培训对象</td><td></td></tr>
<tr><td>学生姓名</td><td></td><td>联系电话</td><td></td><td>任务成绩</td><td></td></tr>
<tr><td>任务设备</td><td></td><td>操作时间</td><td></td><td>操作地点</td><td></td></tr>
<tr><td>任务目的</td><td colspan="5">1. 理解消费者决策的内容<br>2. 展现良好专业素养<br>3. 学会换位思考</td></tr>
<tr><td rowspan="3">任务实施</td><td>准备</td><td colspan="4">1. 理解消费者决策的主要内容<br>2. 回顾所学的婚庆服务有关婚礼策划、场景布置等专业知识</td></tr>
<tr><td>分析问题</td><td colspan="4">1. 分析案例中各个问题所对应的决策内容<br>2. 提炼出每个问题所体现的消费者关注点</td></tr>
<tr><td>解决问题</td><td colspan="4">1. 站在消费者角度思考期待的回答<br>2. 结合专业所学，进行回应</td></tr>
</table>

续表

| | | |
|---|---|---|
| 任务实施 | 分享与点评 | 每一个问题结束后，扮演客户和小方的同学互换角色，分享感受，进行相互点评 |
| | | 我的感受与收获： |
| 教师评价 | | |

## 【思考实践】

在婚庆业务洽谈中，客户要作出购买决策时还可能会提出哪些问题，怎样回应对方？

4

# 项目四　开发婚礼服务产品

俗话说：酒好不怕巷子深。这里的“酒好”，就说明了在营销当中产品质量的重要性，对于婚礼服务产品营销而言也是如此。市场营销有个经典的4P理论，即产品（Product）、价格（Price）、渠道（Place）、促销（Promotion）四要素，它是由密歇根大学教授杰罗姆·麦肯锡1960年提出的，它的伟大之处在于它把营销理论巧妙地简化并第一次使之便于记忆与传播，逐步形成了一个极为实用的营销手段的组合。其中的产品，就是指的产品策略。因此，本项目我们将关注如何运用产品策略，实现有效营销。

## 【任务目标】

### 知识目标

1. 了解服务产品的5个层次。
2. 了解服务包理论。
3. 理解服务产品的生命周期及相应的营销策略。
4. 熟悉常见婚礼服务产品。
5. 理解常用的品牌策略和品牌管理策略。

### 能力目标

1. 能够根据消费者需要开发婚礼服务产品。
2. 能够向客人介绍婚礼服务相关产品。
3. 能够进行婚礼服务品牌设计。

### 素质目标

1. 树立营销意识。
2. 培养专业自信。

### 思政目标

1. 培养良好的社会责任感。
2. 培养敬业诚信友善的品质。

# 任务一：开发婚礼服务产品

服务产品是具有以提供某种形式的服务为核心利益的整体产品。服务产品具有多个层次，服务产品营销的起点在于如何从整体产品的5个层次来满足顾客的需求，因此对服务产品进行设计是有必要的。

## 一、认识服务产品

1. 服务产品的界定

通常把产品定义为能够在市场上得到的，并能够满足人们欲望和需要的任何东西。广义的产品包括实物、服务、人员、场所、组织、设计或所有这些的组合。服务产品是具有以提供某种形式的服务为核心利益的整体产品。

2. 服务产品的层次

服务产品具有多个层次，服务产品营销的起点在于如何从整体产品的5个层次来满足顾客的需求。

对服务产品的5个层次的理解由内层到外层依次进行，越内层的越基本，越具有一般性，越外层的越能体现产品的特色。

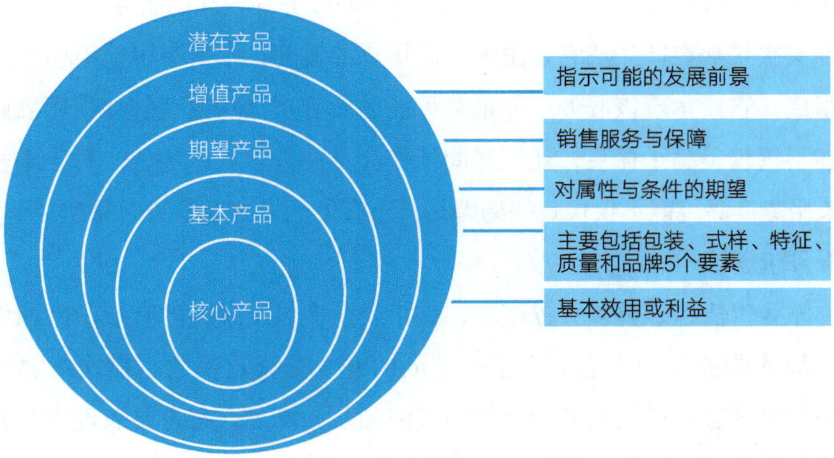


图 4-1 服务产品的 5 个层次

第一层次是核心产品（核心利益），是无差别的顾客真正所购买的服务和利益，实际上就是企业对顾客需求的满足。也就是说，服务产品是以客户需求为中心的，因此，衡量一项服务产品的价值，是由客户决定的，而不是由该产品本身或服务提供者决定的。比如对宾馆客房服务的顾客而言，其真正购买的是“休息与睡眠”。而对婚礼服务产品而言，核心产品可以是幸福的感觉、人生的见证、难忘的回忆等。

第二层次是基本产品（又称基础产品或形式产品），是抽象的核心利益转化为提供这个真正服务所需的基础产品，即产品的基本形式。主要包括包装、式样、特征、质量和品牌等要素。如宾馆的客房应配备床、桌子、衣柜、椅子、浴室等。对婚礼服务而言，其形式产品主要有婚礼现场的布置，摄影师、摄像师、化妆师、司仪等安排，婚车租赁等其他事项的提供。

第三层次是期望产品，是顾客在购买该产品时期望得到的与产品密切相关的一整套属性和条件。对宾馆的客人来说，希望得到的是干净的床、香皂和毛巾、卫生设施、电话、衣柜和安静的环境。因为大多数的宾馆都能满足这种最低限度的期望，因此，旅行者在选择档次大致相同的宾馆时，一般会选择一家最便利的宾馆。对于婚礼服务而言，期望产品就是婚礼服务的形式的高质量实现，比如现场布置美观、主持人得体大方等。

第四层次是增值产品（又称延伸产品），指增加的服务和利益。这个层次是形成产品与竞争者产品差异化的关键，“未来竞争的关键，不在于工厂能生产什么产品，而在于其产品所提供的附加价值”。比如宾馆针对住房客人的大堂免费自助咖啡、快速离店手续、赠送免费服务项目等。对于婚礼服务而言，增值产品可以是宾客的接送服务、额外的小装饰、摄影制作的后期服务等增加的服务。

第五层次是潜在产品。它是服务产品用途的改变，由所有可能吸引和留住顾客的因素组成。它预示着该服务产品最终可能的所有增加和改变。如租用酒店套房的顾客可能不仅仅是为了休息，还把房间当作会见商务客人的场所。对于婚礼服务而言，婚庆服务产品可能不仅仅是一场婚礼，还有可能成为重要的商务社交平台。

3. 服务包理论

又称顾客价值包、整体服务产品，是指企业提供给顾客的有形产品和无形服务的综合。理解服务包的概念对于服务产品的开发是很重要的。根据格罗鲁斯的观点，服务包是顾客可以从服务中获得的最终利益和满足，它主要表现为服务的结果质量。服务包由核心服务、便利服务和支持服务构成。

（1）核心服务。是企业的服务产品为市场所接受的关键，是服务产品最基本的功能，满足顾客对这类服务最基本的需要。如，旅馆提供住宿，航空公司提供客运服务等。当然，一家企业可以提供不止一项核心服务，比如航空公司可以提供客运服务，也可以提供货运服务。核心服务回答的问题是：购买者真正想要得到的基本服务和核心利益是什么？比如民航公司提供的核心服务是客运服务，而非机内餐饮服务。服务产品营销者必须找到每一种服务产品给消费者带来的核心利益并且出售这种利益，而非仅仅出售各种外部特征。比如民航乘客真正想得到的是“迅速安全地到达目的地”，而非一张机票或一个座位。

（2）便利服务。便利服务是方便核心服务使用的附加服务。为了让顾客能够获得核心服务，必须有便利服务来配合。比如，宾馆有专门的接送服务，航空公司要有订票服务等。离开了这些服务，顾客就无法使用核心服务。在有些情况下，便利服务是实现核心服务必不可少的服务，没有便利服务，核心服务就不可能实现或者不能顺利实现。比如，银行客户要使用自动柜员机就必须办理储蓄卡或信用卡，储蓄卡或信用卡就可以看作便利服务。在设计便利服务产品时，需要了解目标市场的购买力以及他们对于便利服务的期望。例如，一家顶级的酒店必须配备入住和结账服务、电话、餐厅和管家服务。而一间经济型旅馆所配置的便利服务也许仅包括入住和结账服务以及投币公用电话。

（3）支持服务。支持服务也是一种附加服务，但与便利服务的功能不同，它不是方便核心服务的消费和使用，而是用于提高服务价值，或者使企业的服务与其他竞争对手的服务之间产生差异性，以取得服务产品在竞争中的差异化优势。如酒店的客房送餐服务和提供擦鞋纸、旅游地图等物品，都是支持服务。要消费核心服务，必须要有便利服务与之配套，却并不要求必须提供支持服务。比如，旅馆必须配置床和毛巾，必须提供结账服务，却不一定非要提供客房送餐服务、宽带接入设施和擦鞋纸。

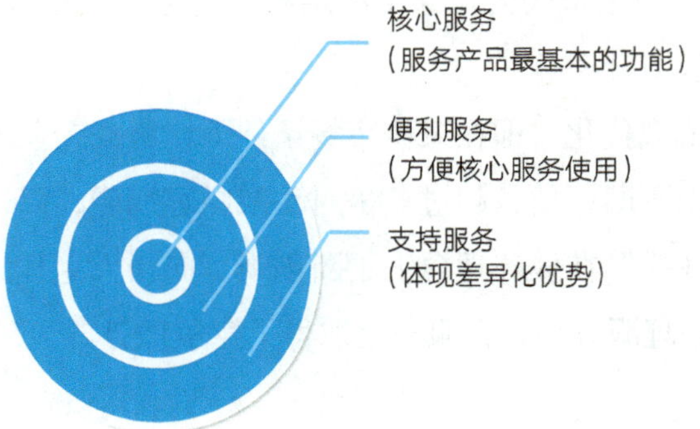


图 4-2 服务包的组成

## 二、认识服务产品组合

1. 服务产品组合的定义

服务产品组合是一家服务企业所提供的所有服务产品线（一类相关的服务产品，如某航空公司的货运航空服务和客运航空服务）、服务产品项目（具体的服务产品，如某旅行社的预订酒店服务、代理签证服务、导游服务等）的全部组合方式。包括4个变量：宽度、长度、深度、关联性。

2. 服务产品组合策略

服务产品组合策略是指通过对服务企业产品线和竞争对手产品组合战略的分析，对服务产品的宽度、长度、深度和关联性作出的决策。特别强调的是，产品线的相关性对企业的服务产品组合是非常重要的。只有保证系列服务产品之间的相关性，才更有利于企业的精力与资源，并在相对专一的领域做出成绩。一般有以下服务组合策略。

（1）扩大服务组合。即扩展服务组合的宽度和加强服务组合的深度，企业通过经营多产品线服务产品，并把这些产品推向多个不同的市场。如某航空公司在原有的客运服务的基础上，结合当前市场需求，提供航空货运服务，并有针对性地采取相应的营销策略。企业采取这样的策略，可以充分利用人、财、物资源，分散经营风险，增强竞争力。

（2）缩减服务组合。即面对市场不景气或原材料供应紧张，企业为了提升总利润而剔除获利能力差的服务产品线或服务项目，集中有限资源发展获利多的服务产品线或服务项目。如一线城市出现的专门针对高端客户提供“个人理财”服务的企业。

（3）服务定位延伸。即全部或部分改变服务原有的市场定位，向上、向下或双向延伸服务产品线。如某婚庆公司除举办结婚典礼之外，还开展金婚仪式服务等，这就进一步开拓了市场。

（4）服务产品线现代化。即在某些市场条件下，服务企业的服务产品线在生产形式上或服务理念上不断创新，超过竞争对手或顾客期望，以适应竞争形势。比如知名餐饮企业“海底捞”在服务理念上不断创新，向当天生日的客户送祝福，为女士提供美甲、手部护理服务等，在服务上取得了竞争优势。

## 三、了解服务产品的生命周期

1. 服务产品生命周期的含义

和其他产品一样，服务产品也有生命周期。在服务产品生命周期的不同阶段，服务企业需要不断地制定和修订营销策略，延长服务产品的生命周期，扩大利润，应对竞争和环境的不断变化。

服务产品生命周期是指某一种服务产品从进入市场、稳步增长到逐步衰退被市场淘汰的过程，也称为服务的市场生命周期。

一般来说，可以将服务产品的生命周期分为 4 个阶段：投入期（或称导入期）、成长期、成熟期、衰退期。以时间为横轴，以金额（销售额和利润额）为纵轴，可以绘出典型的服务产品生命周期图。如图 4–3 所示。

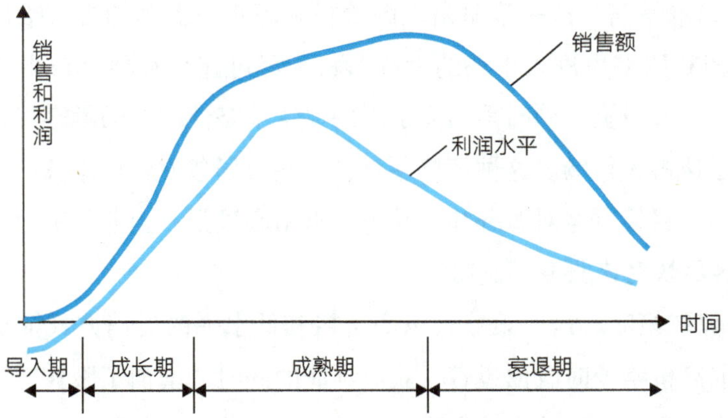


**图 4-3 典型的服务产品生命周期图**

由典型的服务产品生命周期图可知，在服务产品生命周期的投入期，销量和利润增长缓慢，利润多为负数；进入成长期，服务产品的销量逐渐增长，利润由负变正并快速上升；一旦销售增长缓慢，利润增长处于停滞，则进入成熟期；当销量缓慢减少一段时间后，销量快速递减，利润快速下降，则服务产品进入了市场衰退期。当然，营销学者也发现一些其他的生命周期变化形式，比如某服务产品在初次进入成熟期后，由于促销或者服务创新措施得当，使该服务产品又进入新一轮生命周期，甚至能够达到比初次生命周期更高的销售水平。

服务产品生命周期的各阶段具有不同的市场特征，服务企业也应针对这些不同的市场特征制定相应的营销策略。

2. 服务产品不同生命周期营销策略

（1）投入期的营销策略。投入期是服务产品生命周期的最初阶段。这一时期的特点是销量较小且增长缓慢，宣传促销成本高，消费者对产品了解不多，竞争对手少，所以投入期的企业往往处于亏损或微利状态。消费者认识新服务产品并且消除主观上购买风险的时间直接决定了投入期的长短。这一阶段的主要营销策略就是在最短的时间内，以最快的速度进入和占领市场，为进入成长期打好基础。在现实的市场中，很多新开发的服务产品在投放市场以后，还没有进入成长期就被淘汰掉，因此，企业在投入期应通过宣传迅速建立消费者对服务产品的认知，筛选出最可能对服务产品感兴趣的潜在顾客，优先向他们推广产品，通过他们的积极反应和良好口碑来吸引更多的客户群，提高服务产品的知名度，从而缩短投入期的时间。在投入期，企业营销的重点主要集中在促销和价格方面，一般可以选择以下 4 种营销策略。

① 快速掠取策略。这一策略是以高价格和高水平促销的方式推出新的服务产品。企业试图利用率先进入市场的大好时机，尽可能从每项销售中获得更多的利润，快速回收开发投资，同时采用高水平的促销策略使潜在的顾客尽快了解和购买公司产品，迅速占领市场。这种策略须具备一些市场条件：该服务产品具有较大的市场发展潜力；目标顾客对服务知之甚少，求新心理强；企业面临潜在竞争者的威胁，希望顾客尽快对该服务形成偏好。

② 缓慢掠取策略。这一策略是以高价格和低水平的促销方式推出新的服务产品。企业采取高价格及时收回投资，获取利润的同时，增加了服务产品在顾客心中的价值；低水平促销可以减少销售成本。该策略能使企业获得更多的销售利润。这一策略适用的条件是：该服务产品的市场比较固定；消费者对新的服务产品比较了解而且愿意出高价购买；潜在的竞争威胁不大。

③ 快速渗透策略。这一策略是以低价格和高水平促销的方式推出新产品。该策略可以使服务产品迅速进入目标市场，同时有效限制竞争对手的出现，为企业带来巨大的市场占有率。但高额的销售成本，会使企业利润微薄，甚至亏损。这一策略适用的市场条件是：市场规模较大，同时企业有望通过大规模的生产获得规模效应；消费者对服务产品不太了解，潜在的竞争比较激烈，企业希望迅速占领市场。

④ 缓慢渗透策略。这一策略是以低价格和低水平促销的方式推出新的服务产品。低价格有助于市场快速接受服务产品；低促销又能减少费用开支，降低成本，以弥补低价格造成的低利润或亏损。这种策略适用的市场条件为：该产品的市场容量大；目标顾客对服务产品比较了解且对价格十分敏感；存在潜在的竞争。

（2）成长期的营销策略。成长期是新的服务产品试销成功后，转而大批量生产和扩大市场销售额的阶段。这一时期，服务产品开始被越来越多的消费者接受并使用，企业销售网络已经建立，销售额急剧上升，同时竞争对手相继进入市场，加剧了市场竞争强度。

这一时期，企业的营销重点应该放在保持并扩大自己的市场份额，加速销售额增长方面。可以使用的具体策略有以下几种。

① 产品策略。根据市场的需求不断改进服务产品，提高产品的质量是企业在竞争中取胜的关键。服务企业应时刻注意市场的变化，不断增加服务种类，开展特色服务，加强服务管理，以吸引更多的潜在顾客。

② 市场细分策略。通过市场细分，找到新的尚未满足的细分市场，积极开拓市场，并迅速占领市场，从而提高服务产品的市场覆盖率。

③ 促销策略。在投入期，企业广告宣传的重点是提高服务产品的知名度，进入成长期之后，宣传的重心应转移到树立良好的服务形象上来，创立品牌，增强顾客对服务产品和企业的信任感，在保持老顾客的同时，吸引发展更多的新顾客。

④ 价格策略。在成长期，虽然市场需求量较大，但在适当的时机，企业仍然可以降低价格，从而有效地增强竞争力，防止潜在竞争者的进入。当然，降价可能暂时减少企业的利润，但随着市场份额的扩大，长期利润还可望增加。

（3）成熟期的营销策略。成熟期是服务产品生命周期的黄金时代。在这个时期，服务产品的销售量达到最高点，后期可能出现负增长；利润也达到最高点，并有逐渐下降的趋势。这时，服务产品被众多的服务商模仿，加之新产品的进入，促销战、价格战此起彼伏，竞争十分激烈。在成熟期，企业不仅要采取措施发掘服务产品新的潜能，延长成熟期，还要适时着手研发新的服务产品。但由于服务商并不是总能找到新的市场机会，继续经营成熟期的服务产品仍然是公司的一个选择，况且虽然成熟期市场不再增长，但需要的投入也少，所以，如果服务商能够占据有利的竞争地位，采取恰当的营销策略，一样可以获得丰厚的利润。成熟期服务产品的营销策略主要有以下两种。

① 市场改进策略。即寻找新顾客，开辟新的服务市场，提高服务产品的销售量和利润率。新市场的开拓主要包括以下两个方面：一是对市场进行重新定位、细分，将服务产品推入新的细分市场，寻找新的客源；二是将成熟的服务产品投放到全新的市场中，扩大服务产品的覆盖面。

② 产品改进策略。即改进服务产品的性能、用途及品质，以吸引新的顾客或

增加现有顾客的购买量。企业可以通过以下几个方面来实施产品改进策略：一是提高质量，不断丰富产品的内涵，规范服务，改进产品的性能特性；二是增加特色服务，向顾客提供独特的、体现个性的服务，可以增强服务产品的竞争力，使企业获得更大的定价权力；三是改进营销组合，通过改变定价、销售渠道及促销方式中的一个或几个要素的配套关系来刺激和扩大顾客的购买。

（4）衰退期的营销策略。衰退期是服务产品更新换代的时期。衰退期的特点是，服务产品的销售量和利润开始下降，消费者偏好开始改变，新的有竞争优势的服务产品已经进入市场。当服务产品进入衰退期，企业不能盲目将其放弃，也不能一味维持原有的生产和销售规模。企业必须清晰地了解该服务产品在市场中的真实地位，而后作出正确的决策。在衰退期，企业可以采用以下营销策略。

① 维持策略。即服务企业在目标市场、价格、销售渠道、促销等方面维持现状。在这一阶段，很多企业纷纷退出市场，因此，对一些有条件的企业来说，并不一定会减少销售量和利润。使用这一策略的企业可配合延长服务产品生命周期的策略。企业延长产品生命周期的途径很多，主要包括：通过价值分析，降低服务产品成本，以利于进一步降低服务产品价格；通过科学研究，增加服务产品功能，开辟新的用途；加强市场调查研究，开拓新市场，创造新的服务内容。

② 缩减策略。企业在维持原有经营状况的同时，根据市场的变化和自身的条件，在规模上进行适当收缩。例如，企业可以将所有的营销力量集中到一个或几个细分市场上，在加强这几个细分市场营销力量的同时，大幅降低营销的费用，以增加当期利润。

③ 撤退策略。此服务产品已经没有改进和重振的希望，企业继续经营该产品已经无利可图。这时企业应当果断地停止该服务，转向新的服务。

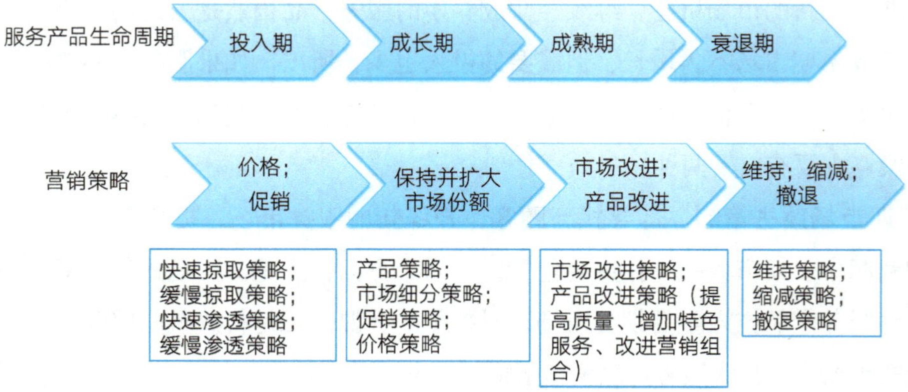


图 4-4　服务产品不同生命周期营销策略

## 四、开发新产品

1. 新产品的界定

随着当今经济、科技的发展，市场竞争日益激烈，社会上服务产品更新的速度非常快。服务企业要想取得成功，绝不能仅仅依靠现有产品，只有不断地进行新产品的开发，服务企业才能在市场上求得生存和发展。

新产品包括的范围很广，它不单单是指市场上出现的前所未有的产品，如新开发的家政服务、新开发的分红保险、新建成的娱乐场所等（这些全新产品不可能经常出现，只占服务新产品的一小部分），更多的是指对一家企业经营来说是新的、市场上已经出现了的相对新的产品。服务企业大多依靠增加服务项目、模仿竞争者的服务项目、改进产品质量等方式进行服务新产品的开发。总之，只要是整个服务产品构成中任何一部分进行了创新或改革的产品，都属于新产品之列。比如，2020年新冠肺炎疫情期间，针对居民们外出不便的情况，某火锅店推出了火锅外卖服务，这在当时也属于服务新产品。

2. 新产品的种类

服务新产品大致可分为以下 4 种。

（1）完全创新产品。完全创新产品是采用新原理、新技术、新材料研制出的市场上从未出现过的产品，这是绝对的新产品，它的创新程度最高。

（2）换代新产品。换代新产品指对现有产品进行较大改革后生成的产品。如饭店客房过去夏季室内用一般分体式空调，现在改造成中央空调；旅行社原来经营纯观光旅游产品，现在发展观光兼度假的产品。

（3）改进新产品。改进新产品指对原有产品不进行重大革新，只对它进行局部的、形式上的改变，比如客房服务增加儿童免费加床服务或餐厅延长服务时间等。推出改进新产品是企业吸引消费者、保持和拓展市场的一种重要手段。

（4）仿制新产品。仿制新产品指市场上已经存在，企业对其进行模仿后经营的产品，它同换代新产品和改进新产品一起被称为市场新产品。仿制是一种重要的竞争策略。因为全新产品可能获得的利润与其投资之间的关系极不稳定，具有很大的风险，所以很多企业往往不做行业中的先锋，率先推出某种新产品，而是采取一种“坐视”的态度，当看到某一产品在市场上很畅销时，则迅速进行仿制并推向市场。仿制新产品既可以借助其他企业的推销成果，又有利于在仿制时对企业现有产品的不足之处予以改进。有改进的仿制为企业提供了竞争力量。但服务企业在进行仿制时，要注意抓住时机，速度宜快。否则，当企业的仿制新产品进入市场时，该种产品可能已进入成长期或成熟期，市场价格趋于下降，影响企业的利润。

3. 新产品开发策略

常用的新产品开发策略主要包括以下几种。

（1）领先策略。是指要在其他企业的新产品还未开发成功或者还未投放市场之前，抢先开发新产品，投放市场，使企业的某种产品处于领先地位，然后，千方百计地扩大战果，迅速扩大覆盖面。

（2）跟随超越策略。即技术引进与自行研制相结合。这种策略是以跟随为先导、以超越为目标，善于利用外界条件达到事半功倍的最有效途径。跟随超越策略最大的好处是可以大大缩短新产品的研制周期，降低研制费用。只要不侵犯知识产权，婚礼样式和流程都可以借鉴其他企业的现成模式。

（3）更新换代策略。指在老产品的基础上，采用新技术、新材料，开发具有更高技术经济性能的新产品。

（4）系列延伸策略。一种新产品的问世往往会延伸出与该产品的使用密切联系的一系列配套需求。婚礼需求的扩大很可能导致婚庆企业开发相应的婚礼用品，如婚纱、伴手礼等。

## 五、开发与推荐婚礼服务产品

1. 婚礼服务产品概况

婚礼服务产品的种类比较复杂。在这里，我们主要讨论的是以综合性婚庆企业为出发点的功能相对完备的婚礼产品。每一个产品中包含了策划、场地布置、宴席服务、灯光、音响、化妆等零部件。但是，上述的每一个部件又很有可能是模块化的，可以单独作为一个服务产品出售。另外，当小型的婚庆公司将其功能作为供应方集成到某个婚庆网络平台，或者当每个模块的独立生产者将其产品和服务集成到网络平台时，平台本身此时既是渠道，同时又成为一个大的服务产品。

换句话说，婚庆市场上的产品（服务产品或服务包），大致可以分为以下几类：模块化设计生产并“组装”好的现成产品（套餐）；订单式生产包括所有或者大部分模块的个性化婚礼产品；完备婚礼产品中所包含的各个模块单独成为产品；完备婚礼或者模块集成到某个网络平台使该平台成为一个互联网婚庆产品。

图 4-5 美国 The Knot 婚庆平台网站

图 4-6 中国一站式结婚服务网站“婚礼纪”

2. 为婚礼服务产品赋予“产品概念”

“产品概念”是企业想要注入顾客头脑中关于产品的一种主观意念，它是从消费者的角度，用消费者的语言来表达的产品构想，包含以下含义。

（1）消费者洞察：从消费者的角度提出其内心所关注的有关问题。

（2）利益承诺：说明产品能为消费者提供哪些好处。

（3）支持点：解释产品的哪些特点是怎样解决消费者洞察中所提出的问题的。

（4）总结：用概括的语言（最好是一句话）将上述 3 点的精髓表达出来。

比如，一个婚礼服务产品，宣传语是“婚礼的烦琐，有我；婚礼的幸福，有你们”，消费者关注的是如果婚礼能让他们感到轻松而幸福，这就是利益的关注点；

或者提到“国家公园的大象婚礼套餐”，直接点出了产品的兴趣点。具体到某一款式的产品，可以适当增加概念的描述。

3. 婚礼服务产品开发与营销要点

对于婚庆市场营销一线人员而言，其核心作用是要向消费者阐述产品价值，并促成交易。其中顾客在询问婚礼服务产品时，通常主要会涉及婚礼道具、婚礼布置、婚礼团队情况，以及婚礼仪式感的营造等内容。于其他服务产品而言，婚礼服务产品除了具有文化性的特点之外，更具有婚礼“一生只有一次且不能推翻重来”的特点。因此，当销售人员在向顾客推荐一个产品时，要讲述清楚产品具备哪些功能，以及这些功能能够满足顾客的哪些需求，要紧紧把握消费者的需求来进行产品的介绍。

（1）关于婚礼道具。在婚礼道具方面，可以将其分为布置道具、流程道具，以及器材道具。布置道具通常包括迎宾牌、舞台背景、花门、路引、桌花等；流程道具服务于婚礼的流程设计，婚礼中常用的香槟酒塔、烛台、蛋糕、婚戒等都属于流程道具；器材道具通常包括追光灯、干冰机、泡泡机、音响及 LED 屏幕等。

在介绍婚礼道具时，一定要区分产品与材质的概念。不少婚礼销售人员在向顾客报价或者展示套餐时，会在清单上清晰地罗列出公司所能提供的道具和使用价格。当顾客看到这份清单时，往往会觉得上面的价格要比市场价格高一些。其实这并不奇怪，因为婚庆公司为新人策划婚礼会产生时间成本、人员成本、技术成本和其他经营成本等一系列成本，所提供的产品是成熟的商品和解决方案。在婚礼过程中，为新人提供的喷绘、KT 板和鲜花等只能算是材料的提供，而不能作为一件产品来出售。因此，具备同样功能的道具，由于其材质的不同，其价格也是有很大区别的。比如，同样是做花门，采用不同的花材，价格是有很大差异的。即使是同样的花材，在不同的时间使用，价格也是有区别的。因此，一定要将产品和材质区分开来。而确定选用什么样的材质来制作道具，这就需要围绕客户所期待的效果以及经费预算来综合考虑。

（2）关于婚礼布置。在婚礼布置上，按照来宾到场后的路线，结合不同的功能，可以将婚礼现场的布置分为签到区、主题展示区、照片 / 影片展示区、茶点区、合影区、儿童玩耍区、宴会区、仪式区以及观礼区等区域。

其中，签到区是指来宾签到和送礼金的区域，符合中国“礼尚往来”的文化，也是来宾到来的第一个地方，具有先入为主的重要地位；主题展示区指婚礼主题的展示区域，其主要功能是展示婚礼的主题元素；照片 / 影片展示区多指新人照片或影片的展示区域，通过设计与布置，照片展示区不仅能够很好地突出新人的主角地位，还能增强来宾的体验；茶点区是指来宾提前到达后等待休息的区域；合影区是指来宾和新人合影的区域；儿童玩耍区是指婚礼现场供儿童玩耍的区域，方便携带小孩的来宾安排；宴会区是指来宾参加婚宴的就餐区域，也是婚礼现场主要的布置区域。宴会区的桌位通常分为主宾桌和来宾桌两大类。宴会区的设计除了体现在桌花、桌卡和椅背等布置上，还体现在烟、酒、茶、糖和伴手礼的准备上；仪式区是指进行婚礼仪式流程的区域，是婚礼的核心区域；观礼区是指在婚礼仪式进行过程中，来宾只是静坐观看仪式而不需就餐的区域，这种区域多出现在教堂婚礼和户外婚礼中。有的区域不是必须安排的，比如儿童玩耍区，而在传统的酒店婚礼中，也不需要单独安排观礼区。婚礼现场布置也是需要紧密围绕消费者的需求来进行设计。在后续方案的报价上，同样用功能区来呈现效果，在效果的基础上罗列所使用道具的清单，这样才能够引起消费者对婚礼效果和品质的重视，突出服务价值，避免消费者仅仅通过道具数量评估婚礼。

（3）关于婚礼仪式感。婚礼仪式的本质就是仪式感的传达。两人的结合往往是因为爱情，婚礼仪式中少不了爱意的表达；婚礼还成为一种特殊的社交场合，无论是对父母感恩之情的表达，还是和亲朋好友间的亲密互动，都是不可或缺的内容。到了今天，随着人类社会规则和法律体系的健全，我们其实不需要婚礼仪式来证明两人结合的有效性，但庄严而神圣的婚礼代表的是人们对美好生活的期望，也是被祝福的一种载体。在婚礼服务中，无论是新郎、新娘出场的方式，还是舞台上使用的各类仪式道具，甚至是整场婚礼的设计，都是围绕婚礼的感觉来设置的，这种感觉就是一种情感体验。这种情感体验包括庄重感、浪漫感、喜悦感，以及亲情感等。因此，呈现在消费者眼中的婚礼服务产品，不仅仅是照片、鲜花等实物，更应当是传递相应的情感，让新人和来宾有着美好的情感体验。因此，对婚礼服务产品的开发与介绍，要围绕顾客的情感体验来进行。做好“感觉”，在产品层面上可以让婚礼效果呈现得更加理想，在营销层面上也能产生更强大的竞争力。

在销售阶段，虽然我们无法让新人体验婚礼的感觉，但可以通过语言的魅力描绘出婚礼画面，而其中最有效的方法就是“讲故事”。在与消费者沟通的过程中，策划师可以分享之前策划过的婚礼中新人的爱情故事，用二人的爱情故事作为铺垫，在声情并茂的讲述中，将新人的情绪、表情和现场的氛围等细节娓娓道来，从而打动消费者，并让消费者为此买单。“讲故事”在婚礼销售中具有十分重要的作用，讲故事的逻辑训练和语言习惯培养也是婚礼销售人员比较重要的学习内容。下面是一位婚礼销售人员分享的婚礼案例：

去年10月1日我接待了一对新人，通过沟通，我了解到他们相识于校园的一棵大榕树下，正值青葱岁月的他们和很多大学生一样，穿梭于校园的各个角落。他们第一次牵手，第一次看流星雨，第一次野餐和第一次聊起以后的生活，都是在这棵榕树下。之后，我们的策划师和新郎、新娘一起去他们的校园里，当看到那棵大榕树时，仿佛看到了勃勃生机，看到了新的希望。在婚礼现场布置中，我们毫不犹豫地将大榕树作为主背景，并在四周挂上星星装饰，打造星星点点的星空氛围。空中的束光仿佛初升的太阳，象征着两人新生活的开始。据说这样的场景在新人婚后的好长一段时间里，依然被二人提起且念念不忘。

（资料来源：孙可 . 婚礼销售顾问从业指南 [M]. 北京：人民邮电出版社，2020：68）

（4）关于婚庆服务团队。婚庆服务团队主要包括婚礼策划师、婚礼主持人、影像团队（摄影师、摄像师）、化妆师、婚礼督导等。他们是关系婚礼服务质量的要素，也是新人们在操办婚礼时非常关注的人员。作为营销人员，要能用客户所能理解的语言，介绍团队成员的职责及在婚庆服务中的作用。顾客们通常对“四大金刚”（即婚礼主持人、摄影师、摄像师、化妆师）的职责和作用比较了解，但对于婚礼策划师和婚礼督导师等新兴岗位，可能不太熟悉甚至觉得没必要。因此，营销人员应当紧扣新人需求，说明婚礼策划师、婚礼督导师等岗位的职责，以及他们对于一场高质量婚礼的重要作用。在进行团队成员推荐时，可以充分挖掘团队成员各自的优势，进行有针对性的介绍。比如从业经验丰富的婚礼主持人，可以说是资深婚礼主持人，而对于一名才上岗不到半年的新手婚礼主持人而言，则可以挖掘其年轻、富有活力的特点进行介绍。总而言之，对于婚礼服务团队的介绍，应当秉承诚信原则，并突出团队成员自身的优势。

## 【任务导入】

小方是某婚庆公司的一名年轻的婚礼顾问，谈单是她的主要工作，每天都会接触形形色色的客户。以下是小方遇到的不同客户在与小方交流中提出的问题，请问如果你是小方，你该如何一一回应。可以以两两同学间角色扮演的形式进行：

（1）客户：我的婚礼用什么花材布置比较好？
（2）客户：你们有什么好的创意环节？
（3）客户：我如何准备一个比较特别的伴手礼呢？
（4）客户：婚礼督导主要是做什么的呢？
（5）客户：我能自己找化妆师来化妆吗？

## 【任务分析】

该任务涉及的都是顾客在进行购买决策中会思考的或者提出的针对婚礼服务产品的常见问题。当然，顾客关于婚礼服务产品的问题肯定不局限于以上 5 个。我们在这里的任务主要是抛砖引玉，引导同学们熟悉婚礼服务产品，学会站在消费者的角度，关注消费者的需求，进而有效地去推荐婚礼服务产品，进而激发消费者的购买行为。

## 【任务实施】

### 一、操作流程图

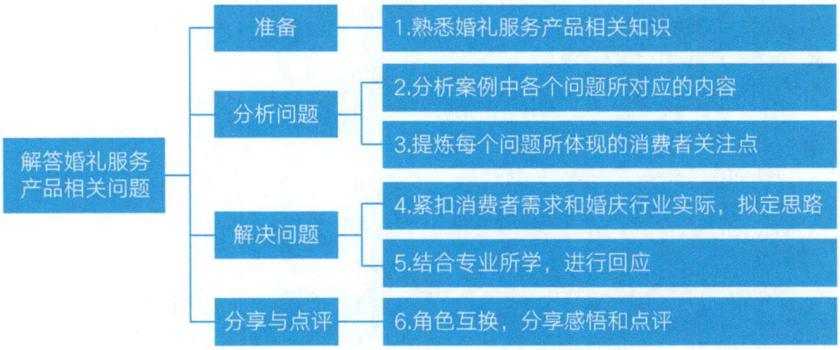


### 二、操作注意事项

1. 熟悉婚礼服务产品。
2. 保持自信的姿态。
3. 能够换位思考。

## 【任务工单】

<table>
<tr><td>任务名称</td><td>解答婚礼服务产品相关问题</td><td>学时</td><td></td><td>培训对象</td><td></td></tr>
<tr><td>学生姓名</td><td></td><td>联系电话</td><td></td><td>任务成绩</td><td></td></tr>
<tr><td>任务设备</td><td></td><td>操作时间</td><td></td><td>操作地点</td><td></td></tr>
<tr><td>任务目的</td><td colspan="5">1. 熟悉常见婚礼服务产品<br>2. 展现良好专业素养<br>3. 紧扣消费者需求，学会换位思考</td></tr>
<tr><td rowspan="3">任务实施</td><td>准备</td><td colspan="4">熟悉婚礼服务产品相关知识</td></tr>
<tr><td>分析问题</td><td colspan="4">1. 分析案例中各个问题所对应的内容<br>2. 提炼出每个问题所体现的消费者关注点</td></tr>
<tr><td>解决问题</td><td colspan="4">1. 紧扣消费者需求和婚庆行业实际，拟定思路<br>2. 结合专业所学，进行回应</td></tr>
</table>

续表

<table>
<tr><td rowspan="2">任务实施</td><td rowspan="2">分享与点评</td><td>每一个问题结束后，扮演客户和顾问的同学互换角色，分享感受，进行相互点评</td></tr>
<tr><td>我的感受与收获：</td></tr>
<tr><td>教师评价</td><td colspan="2"></td></tr>
</table>

## 【思考实践】

在婚庆业务洽谈中，怎样针对客户提出的婚礼服务产品问题进行有效回应？

# 任务二：建立婚礼服务产品品牌

## 一、品牌的含义

品牌是一种名称、术语、标记、符号或设计，或是它们的组合运用，其目的是要使自己的产品或服务有别于其他竞争者。服务产品作为一种特殊的产品，不仅要考虑到服务结果的影响，还要考虑顾客对服务的感知。所以，传统意义上对品牌的定义并不完全适用于服务产品。服务品牌至少还应包括两个方面的内容：一是服务具有过程性的重要特征；二是顾客也是创建服务品牌的重要因素。通过上面的描述，可以看出，虽然名称、术语、标记、符号等也是服务品牌的形成要素，但服务过程才是服务品牌的基础，因为正是有了服务的过程才形成了顾客对该服务的印象。在服务业快速发展的当今时代，服务品牌比比皆是，在服务营销中，公司品牌是形成企业服务特色、取得企业竞争优势的重要手段。品牌含义起到展示品牌、服务概念、质量和价值的作用。公司提供的服务，以及服务质量、服务的价值都将影响顾客对现有品牌的认识。因此，企业必须创造并加强服务质量以提高预期的品牌形象。

## 二、服务产品的品牌策略

1. 品牌化策略

大多数商家都使用个性化品牌，因此要给产品加上品牌名称和品牌标识，这样才有利于推广，吸引忠诚的消费者，树立企业的良好形象。

2. 品牌质量策略

一个品牌往往代表有该产品的质量档次，一旦给客户形成不好的感觉之后，即使再在此品牌上下功夫，仍很难得到客户的认可，因此可以考虑再创品牌，提升档次，通过差异化营销来吸引不同水平的消费者。

3. 品牌使用策略

对于品牌的设计和使用，可根据企业的实际情况来决定，企业可以自己设计品牌，自己使用，宜在企业发展初期业务量不大时采纳；但企业业务量加大时，可以采用自己设计品牌，然后委托他人生产的贴牌模式，解决资金和成本问题，有利于扩大市场份额，解决产能不足的问题。

4. 系列品牌策略

企业产品线很长，在行业内发展了很长时间时，此时应该不断打出子品牌，这样才能细分市场，使各个档次的客户都能记住自己所需要使用的品牌，并且不同产品的品牌前还冠以企业的统一名称，使所有子品牌享有企业的良好声誉，又各具特色，并能在市场上形成一个总体效应。

## 三、服务产品品牌管理策略

在品牌的形成产生到发展壮大的全过程中，不同阶段要针对品牌的发展特点，遵循客观事物的发展规律，制定相应的管理策略。

1. 认知管理阶段

在认知管理阶段，最重要的是打出品牌的知名度，以让客户购买该类产品时只记住某一品牌为目的。客户在开始时是不了解这一品牌的，通常是记住了品牌的形象，但随着接触的增多，可以根据形象喊出品牌的名称，最终达到在客户中有口碑，产品与品牌的联系最为紧密。因此在保证产品质量的前提下，要通过各种手段来向客户传达信息，强化其品牌记忆，特别是采用某些促销手段能够达到记忆深刻的效果。图 4–7 是中国某团购网站的宣传海报，可以看出："美团外卖，送啥都快"的广告语，既朗朗上口，又突出了竞争优势，给消费者留下了深刻印象。

图 4-7　美团网广告

2. 美誉管理阶段

在产品知名之后，客户之间会通过相互介绍、主动推荐的方式无形地推销服务产品。如去过某地的旅客会在他人询问旅游所见所闻时，流露出对某旅行社的赞扬或者批评的态度，在某影院看过电影的观众回来后和朋友聊天时会透露出对该影院服务态度的评价，这时的品牌推广效率远高于在媒体打广告的效率。因此在此阶段，认知上升为美誉，在保证质量的前提下，对每一位客户都要尽心照顾，当有投诉意见时，应尽早处理。

3. 忠诚管理阶段

当企业品牌的质量保持了较长时间后会出现忠诚的客户，他们只认品牌，认为是品牌保证了质量，这是企业现在和将来稳定的客户群。如何延续这种忠诚，是这一阶段的重点工作，企业可采取打折优惠等措施，对他们的忠诚进行奖励，如在某宾馆住的次数较多，打折的力度更大，使其获得心理上的满足感，感受到企业的重视和关注。

## 四、品牌设计

广义的品牌设计包括战略设计（如品牌理念、品牌核心价值、品牌个性等）、产品设计、形象设计、企业形象（CI）设计等；狭义的品牌设计则是品牌名称、标识、形象、包装等方面结合品牌的属性、利益、文化、表现进行的设计。

1. 品牌设计的原则

（1）整体性原则。不管是广义还是狭义的品牌设计，其每个要素都应当服务于整体，是和谐统一的。

（2）以消费者为中心的原则。品牌设计一定要明确其受众，坚持以消费者为中心。

（3）实事求是的原则。品牌设计可以适当美化，但一定要秉承实事求是的原则，这也是商家获得消费者信任的基础。

（4）新颖性原则。人都有求新的欲望，要想给消费者留下独特的品牌记忆，创新是一个法宝。

（5）两个效益兼顾的原则。企业花大力气进行品牌设计，应当既兼顾企业效益，又要兼顾社会效益，这样才能走得长远。

2. 品牌无形要素的设计

（1）品牌理念的设计。品牌理念是指得到社会认同的、体现企业自身个性特征、促使并保持企业正常运作及长足发展的、能反映整个企业明确的经营意识的价值体系。

（2）品牌核心价值的设计。西方学者曾用“品牌精华”（Brand Essence）、“品牌密码”（Brand Code）等词语来表示品牌核心价值，可见品牌核心价值的地位。根据凯勒（Keller）的品牌核心价值定义：品牌核心价值是一组抽象的能够描述品牌最基本、最重要特征的产品属性或利益的组合，是一个品牌承诺并兑现给消费者的最主要、最具差异性与持续性的理性价值、感性价值或象征性价值，它是一个品牌最中心、最独一无二、最不具时间性的要素。

如图 4-8 所示，品牌的核心价值一般从 3 个维度来衡量。

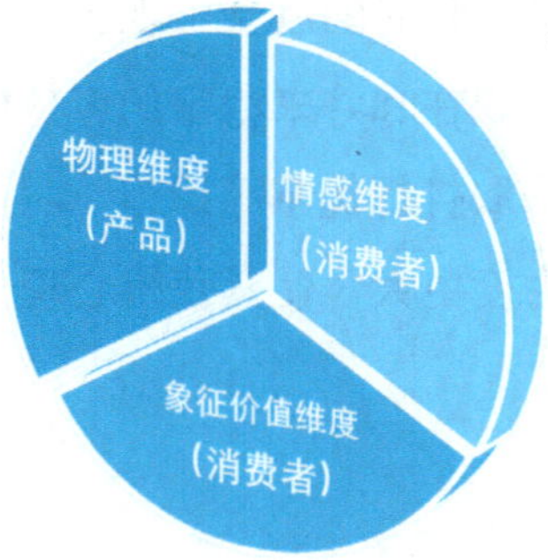


**图 4-8　品牌的核心价值**

① 物理维度。产品的物理效用和使用价值，如功效、性能、质量、便利等。在快速消费品行业相当常见，是绝大多数品牌在品牌塑造初期的立身之本。如在洗发水产品中，飘柔让头发飘逸柔顺，海飞丝快速去屑，潘婷补充头发营养、秀发更乌黑亮泽，沙宣专业头发护理等。

② 情感维度。感性的品牌核心价值，着眼于顾客在购买和使用的过程中产生某种感觉，强调品牌效果的感性满足，从内心打动消费者，使消费者对品牌形成一种情感依赖和寄托。比如知名品牌 De Beers 的广告语：钻石恒久远，一颗永流传。

③ 象征价值维度。象征性的品牌核心价值是品牌成为顾客表达个人主张或宣泄的方式。例如美国著名婚庆网络平台 The Knot，就是利用了象征的意义，表示一种“联结”。

3. 品牌有形要素的设计

（1）为品牌命名。品牌的名称会伴随着产品的一生，在品牌设计中具有重要地位。品牌命名应当遵循以下要求：①标记性：要设计新颖，不落俗套；突出重点，层次分明；简洁明快，易于识别。②适应性：便于在多种场合、多种传播媒体中使用，有利于企业开展促销活动；适应国内外对象的爱好，避免禁忌；适应国内外的商标法规，便于申请注册。③艺术性：针对消费者心理，启发联想；思想内容健康，无不良意义；设计专有名称。

（2）品牌标识（LOGO）。可分为文字标识、图形标识和图文相结合的标识三种。品牌标识的作用首先是引导消费者进行品牌联想，让消费者在见到品牌标识时能马上想到自己品牌的独特属性。其次是能激发消费者好奇心，使其在见到品牌标识时能对这个品牌产生喜爱质感。最后是品牌标识能起到唤醒消费者记忆的作用。

（3）品牌形象代表。通常以虚拟或实在的人、动物、景物等为创作原型。比如肯德基的老爷爷形象、米其林轮胎的米胖子卡通形象等。

（4）品牌口号。品牌口号是关于品牌信息的技术或品牌承诺、思想传达的短语。品牌口号代表了品牌所倡导的精神，具有深刻的内涵，是企业需要宣传和实践的口号。

（5）品牌音乐。品牌有时需要借助声音的力量来助推并强化目标受众对品牌的联想。比如 Intel 的音乐“噔，噔噔噔噔”，几乎家喻户晓。

## 【任务导入】

尝试设计一种婚礼服务产品的品牌（这里指的是狭义品牌设计）。不规定产品类型，同学们自由设计，但必须提供所有品牌内涵的说明。

## 【任务分析】

该任务旨在帮助同学们了解品牌的概念和作用，理解品牌设计的基本原则，掌握品牌设计的基本过程，能够在品牌设计的过程中领会品牌的无形价值。

## 【任务实施】

### 一、操作流程图

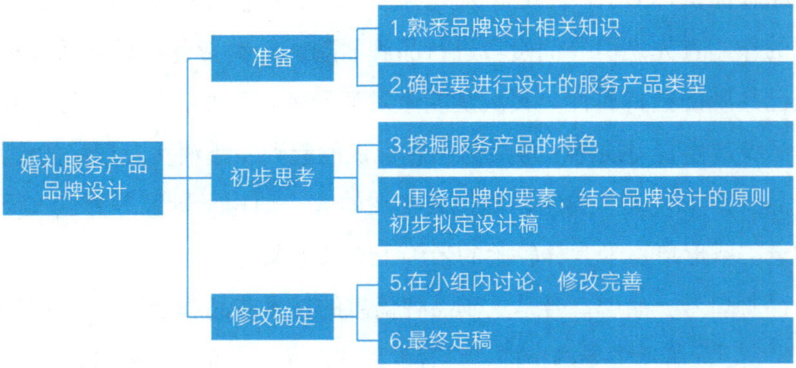


### 二、操作注意事项

1. 一定要围绕产品特色和品牌设计的原则进行设计。

2. 品牌设计不是一蹴而就的，需要不断集思广益和反复修改。

## 【任务工单】

<table>
<tr><td>任务名称</td><td>婚礼服务产品<br>品牌设计</td><td>学时</td><td></td><td>培训对象</td><td></td></tr>
<tr><td>学生姓名</td><td></td><td>联系电话</td><td></td><td>任务成绩</td><td></td></tr>
<tr><td>任务设备</td><td></td><td>操作时间</td><td></td><td>操作地点</td><td></td></tr>
<tr><td>任务目的</td><td colspan="5">1. 了解品牌的概念和作用，掌握品牌设计的基本原则<br>2. 掌握品牌设计的基本过程<br>3. 能够在品牌设计的过程中领会品牌的无形价值<br>4. 培养集思广益、精益求精的敬业精神</td></tr>
<tr><td rowspan="3">任务实施</td><td>准备</td><td colspan="4">1. 熟悉品牌设计相关知识<br>2. 确定要进行设计的服务产品类型</td></tr>
<tr><td>初步思考</td><td colspan="4">1. 挖掘服务产品的特色<br>2. 围绕品牌的要素，结合品牌设计的原则初步拟定设计稿（另附纸完成）</td></tr>
<tr><td>修改确定</td><td colspan="4">1. 在小组内讨论，修改完善<br>2. 最终定稿（教师根据实际情况，要求学生附上设计稿纸质版或将电子版提交到指定位置）</td></tr>
<tr><td>教师评价</td><td colspan="5"></td></tr>
</table>

## 【思考实践】

与其他服务产品相比，婚礼服务产品的品牌设计有什么特点和注意事项？

5

# 项目五　确定婚礼服务产品价格

俗话说："一分钱一分货。"产品价格在很大程度上说明了服务产品的价值。在婚礼服务产品营销中，定价策略是市场营销组合中一个十分关键的组成部分。价格通常是影响交易成败的重要因素，同时又是市场营销组合中最难以确定的因素，还是市场营销组合中最灵活的因素，它可以对市场迅速作出反应。企业对服务产品的定价不仅仅是给产品贴一个价格标签，更重要的是要研究定价中的各种问题并选择合适的定价方法，然后制定合理价格。因此，在本项目中，我们将关注婚礼服务产品营销中的定价策略。

## 【任务目标】

### 知识目标

1. 理解影响服务定价的因素。
2. 熟悉常用的服务定价方法。

### 能力目标

1. 能够掌握常用的服务定价方法。
2. 能够运用常见的定价策略。
3. 能够在婚庆业务洽谈中合理回应顾客有关价格的问题。

### 素质目标

1. 树立营销意识。
2. 培养专业自信。

### 思政目标

1. 培养社会责任感。
2. 培养敬业诚信友善的品质。

# 任务一：掌握婚礼服务产品定价方法

服务定价是在市场营销中服务企业根据所提供服务的成本、需求、竞争等情况确定服务产品市场价格的行动，是服务营销组合中的重要因素之一。定价是否合理，直接关系服务产品的销量，以及企业的发展前景。确定服务产品的价格时，必须对影响服务定价的各种因素进行全面了解和把握，进而掌握科学合理的婚礼服务产品定价方法。

## 一、影响服务定价的因素

1. 成本因素

服务产品的价格应当能弥补所发生的成本和因素，企业才能持续经营。因此，成本因素在定价决策中可以作为服务产品价值的基础部分，决定了服务产品价格的最低界限。服务产品成本是指在服务的生产、消费过程中所花费的物质消耗及支付的劳动报酬。服务产品的成本一般可以分为固定成本和变动成本。

固定成本是指不随服务产出变化而变化的成本，其在一定时期内表现为固定的量，如服务设施、人员工资、办公设备、建筑物、折旧等。变动成本是指随服务产出变化而变化的成本，如电费、运输费、临时用工工资等。在产出一定的情况下，服务产品的总成本应该等于固定成本、变动成本之和。

2. 需求因素

一般来说，服务产品的价格取决于成本费用，而最高价格则取决于市场的需求状况。服务企业在制定价格策略目标并考虑需求因素的影响时，通常使用价格需求弹性法来分析。需求的价格弹性是指因价格变动而相应引起的需求变动比值，反映了需求变动对价格变动的敏感程度。价格需求弹性通常用弹性系数来表示。该系数是服务需求量变化的百分比同其价格变化百分比之比值。当需求量变动百分数大于价格变动百分数，需求弹性系数大于 1 时，成为需求富有弹性（即高弹性），说明对服务产品可采取降价策略；反之，则可采取提价策略。在现实生活中，企业必须弄清楚服务产品的需求弹性情况，才能制定出合理的价格策略。

此外，企业在制定服务产品价格的时候，还应考虑产品之间的交叉弹性。交叉弹性是指一种产品价格变动而引起互补产品或替代产品的需求量的相应变动率。当一种产品价格发生变化时，不仅该产品需求量发生变化，而且其互补产品的需求量也会呈相反方向变化，其替代产品的需求量呈同方向变化。例如，飞机票价格上涨时，乘坐火车或长途汽车的人便会增多，那么准备远程旅游的人相应地减少。

另外，现代市场营销学的寻找理论（Search Theory）有助于进一步解释需求的价格弹性。该理论认为，顾客对价格的敏感度取决于购买时选择余地的大小。可选择余地越小，则对价格缺乏弹性；反之，如果顾客可选择余地越大，则需求弹性越大。在缺乏服务产品信息的情况下，顾客往往把价格高低作为衡量产品质量的一个指标，比如顾客到一个陌生的地方选择住宿时，通常会觉得价格越高的酒店服务质量越好。

3. 竞争因素

服务产品价格制定，除了受到服务成本和服务产品需求的影响之外，还受到服务市场竞争因素的影响。现实中通常存在的典型的市场竞争状况是不完全竞争市场。在不完全竞争市场上，买卖各方获得的市场信息是不充分的，他们的活动受到一定的限制，并且他们提供的服务产品有差异，因此，他们之间就存在一定程度的竞争。

在产品差异性较小、市场竞争激烈的情况下，企业制定的价格差距也相应缩小，表现为价格之间有相当程度的一致性。若服务产品呈现很高的差异性或服务企业处于相对垄断地位，则产品的定价会出现一定程度的差异。另外，服务竞争的范围很广，不仅表现为同行业不同品牌之间的竞争，还会表现在满足同种需求的不同服务行业之间。例如，在交通运输行业，企业之间的竞争不仅有不同品种之间的竞争，而且在不同运输工具之间、对顾客时间和金钱的利用方式之间都存在竞争。此外，在某些特殊的市场背景下，传统和惯例也可能影响到服务产品的定价，如广告代理的佣金制度等。因此，企业除了从竞争对手那里获得价格信息之外，还要了解他们的成本状况，分析他们的利润率，这不仅有助于企业分析评价竞争对手在价格方面的竞争能力，还可以帮助企业预见对手对自己价格策略的反应及对手可承受的刚性大小。

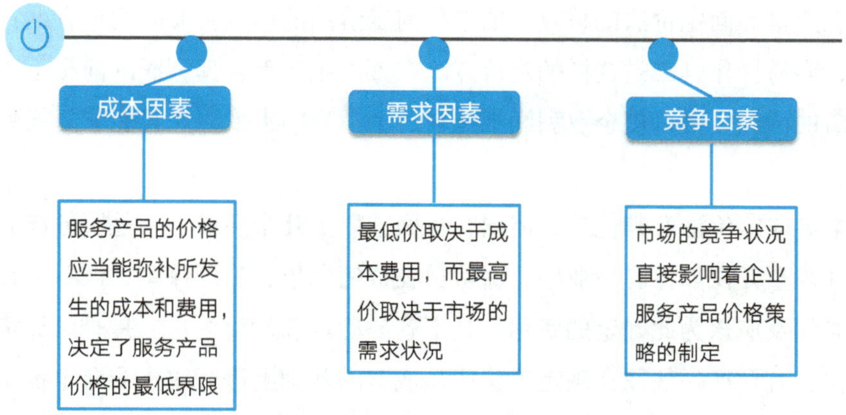


图 5-1 影响服务定价的因素

## 二、服务产品定价方法

在服务行业，由于其产品及营销的特殊性，使得服务产品价格成为企业竞争的一种特殊手段。然而顾客和企业看待产品价格的角度是不同的。企业对服务产品的定价不仅仅是给产品贴一个价格标签，更重要的是要研究定价中的各种问题并选择合适的定价方法，然后制定合理价格。

总体来说，服务产品定价的基本方法有以下 3 种：成本导向定价法、需求导向定价法和竞争导向定价法。

1. 成本导向定价法

成本导向定价法是企业根据提供服务的成本来确定服务产品的价格。

（1）成本定价的构成。企业向顾客提供服务产品的成本可能包括原材料和劳动力成本，另外还包括一些间接成本。而定价则需要在成本的基础上加上利润。成本导向定价法的公式为：

服务产品价格 = 直接成本 + 间接成本 +（边际）利润

其中，直接成本是指与服务有关的原材料、劳动力的成本；间接成本是企业固定成本的一部分，如企业为顾客提供服务产品的办公环境租金、设备折旧等。成本导向定价法中的边际利润，往往是包含了直接成本与间接成本的总成本的一个百分比，因此服务产品价格的公式为

服务产品价格 =（直接成本 + 间接成本）×（1+$r$）

其中，$r$ 为利润率。

（2）成本导向定价法的特点。成本导向定价法的优点主要有两个方面：一是简单明了，容易操作；二是这样的定价方法在考虑生产者合理利润的前提下，随着顾客购买量的增加，可以使企业利润维持在一个适当的水平，并且能够降低顾客的购买费用。

成本导向定价法有其优势，但同时也面临以下几个问题：一是服务产品成本难以计算和衡量，比如保险行业中，保险员在推销保单、签订保单、保单审核或理赔方面的时间及应该为此确定的费用，是不容易确定和衡量的；二是难以界定服务产品的单位。有形产品往往在确定单位产品成本的基础上进行成本导向定价，但是服务产品每单位的成本却不容易确定，原因在于服务产品的单位很难确定。目前，许多服务行业在定价时，由于无法确定服务产品的计量单位，因此往往是根据工时来定价的，比如心理咨询、技术指导等服务产品，往往是以小时为单位的。三是最核心的劳动力成本是难以估量和计算的。比如，医生在为病人治疗中运用了哪些仪器设备和药物，这些药物的成本和仪器的折旧是可以计算的，但是医生花费在确诊病情、拟订治疗方案和实施治疗中所花费的时间以及收取多少服务费用，这些是难以精确衡量和计算的。四是服务产品的真实成本可能与顾客感知价值不一致。这二者的不一致可能带来顾客对服务产品价格的不满意，也可能导致企业浪费部分机会成本。比如，洗衣店清洗一件价值 5000 元的高档礼服和一件价值 500 元的普通礼服的成本是相同的，假定其洗衣服务定价为 30 元 / 件，并且这样的定价是 500 元普通礼服的主人乐于接受的。那么显然洗衣店浪费了一部分机会成本，因为对于拥有价值 5000 元高档礼服的顾客来说，也许每件 80 元的洗衣价格也是容易接受的。反之，如果将价格定位为 80 元 / 件，显然，500 元普通礼服的主人会感觉价格太高。

2. 需求导向定价法

又称以需求为中心的定价方法或者顾客导向定价法。该定价法充分考虑了消费者的因素，是以顾客的价值感和服务支付意愿为导向的。需求导向定价法是以市场需求强度及消费者感受为定价的依据，包括认知价值定价法、需求差异定价法和反向定价法 3 种。

（1）认知价值定价法。也称感受价值定价法，是以消费者对商品价值的感受及理解程度作为定价的基本依据。把买方的价值判断与卖方的成本费用相比较，定价时更应侧重考虑前者。因为消费者购买商品时总会在同类商品之间进行比较，选购那些既能满足其消费需要，又符合其支付标准的商品。消费者对商品价值的理解不同，会形成不同的价格限度。这个限度就是消费者宁愿付货款而不愿失去这次购买机会的价格。如果价格刚好定在这一限度内，消费者就会顺利购买。为了加深消费者对商品价值的理解程度，从而提高其愿意支付的价格限度，服务企业定价时首先要搞好商品的市场定位，拉开本企业商品与市场上同类商品的差异，突出商品的特征，并综合运用这种营销手段，加深消费者对商品的印象，使消费者感到购买这些商品能够获得更多的相对利益，从而提高他们接受价格的限度，服务商则据此提出一个参考价格，进而估算在此价格水平下服务的销量、成本及盈利状况，最后确定实际价格。

（2）需求差异定价法。是以不同时间、地点、商品及不同消费者的消费需求强度差异为定价的基本依据，针对每种差异决定其在基础价格上是加价还是减价。主要有以下几种形式：一是基于不同地理位置的差异定价，比如飞机头等舱与经济舱。由于舱位对消费者的效用不同而价格也不一样，剧院座位的前面几排与最后几排的价格是不同的。二是基于时间差异的差别定位，比如需求旺季时，可以提高产品价格，需求淡季时，可以采取降低价格的方法吸引更多顾客。三是基于产品差异的差别定价，服务质量和服务时间相同的同种产品，虽然成本不同，但企业在定价时，按照服务外在形式和基础设施规模不同来定价。比如，一些健身俱乐部，虽然服务质量相差不大，但由于装修、规模等因素，价格往往相差很大。四是基于顾客差异的差别定价，这是根据不同消费者消费性质、消费水平和消费习惯等差异，制定不同的价格。如会员价与非会员价有差别，学生、军人、老人与其他顾客的价格差别等。可以根据不同消费者群体的购买能力、购买目的、购买用途的不同，制定不同的价格。

（3）反向定价法。又称价格倒推法，是指企业根据消费者能够接受的最终销售价格，计算自己从事经营的成本和利润后，逆向推算出产品的批发价和零售价。这种定价方法的依据不是产品的成本，而是以市场的需求定价，力求价格为消费者所接受。反向定价法的关键在于如何争取测定市场可接受水平。测定的标准主要有：①产品的市场供求情况及其变动趋势；②产品的需求函数和需求价格弹性；③消费者愿意接受的价格水平；④与同类产品的比价关系。

总的说来，需求导向定价法能考虑消费者的因素，体现企业以市场为中心的营销观念，如果应用妥当，能使产品价格符合市场实际情况，但是这种方法的应用也较为复杂，需要进行深入的市场调研，而要准确地确定消费者对产品价格的认同情况，是一件相当困难的工作。

3. 竞争导向定价法

是指以竞争对手各方面之间的实力对比和竞争对手的价格作为定价的主要依据，以竞争环境中的生存和发展为目标的定价方法。最常见的竞争导向型定价是，公司努力把自己的价格保持在本行业内其他竞争对手的平均价格水平上，这被称为“现有价格”或“模仿定价”。这种定价方式在服务业流行的原因是：当难以评估成本时，人们相信现有价格是行业内集体智慧的结晶，会给公司带来比较公平的回报；并且遵循现有价格可以使行业内公司保持和平共处的局面。

此方法注重同行业或市场中其他公司的收费情况。竞争导向定价法并不总是意味着与其他公司收取同样的费用，而是要将其他公司的价格作为本公司定价的依据。同时，不仅是考察竞争对手的收费价格，还要考察其产品的成本和利润情况。比如，位于社区的夫妻干洗店，其规模就决定了无法以连锁干洗店那样低廉的价格提供服务，但是其便利的地理位置、富有人情味的老板也将是消费者选择的优势。因此，竞争导向的定价法是供企业参考，但并不是定价唯一的依据。一般而言，服务产品的最低价取决于成本费用，最高价取决于市场需求情况，产品的市场竞争情况是服务产品定价的重要依据。

对于婚庆行业而言，企业要综合自身成本、消费者需求和市场竞争等因素，制定合理的价格，促进消费，保持竞争实力。

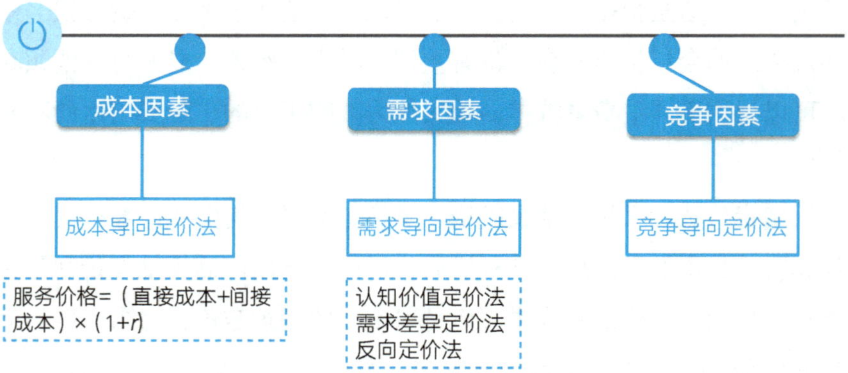


图 5-2　3 种服务定价方法

## 【任务导入】

请同学们自行选定一种婚礼服务产品，运用本项目中提到的定价方法，为该产品进行合理定价。

## 【任务分析】

该任务旨在掌握和运用成本导向定价法、需求导向定价法和竞争导向定价法，因此，需要同学们对这 3 种方法的内涵、特点、优劣势等深入理解，并在此基础上结合婚庆服务实际进行定价。

## 【任务实施】

### 一、操作流程图

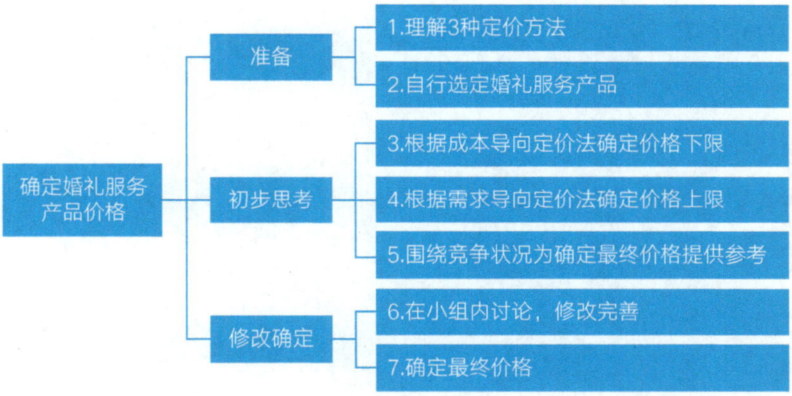


### 二、操作注意事项

定价对于消费者和商家来说，都是重要且敏感的话题。作为服务提供者，应当秉承诚信、实事求是、富有责任感的原则，既不漫天要价，也不轻易妥协。

## 【任务工单】

| 任务名称 | 确定婚礼服务产品价格 | 学时 | | 培训对象 | |
|---|---|---|---|---|---|
| 学生姓名 | | 联系电话 | | 任务成绩 | |
| 任务设备 | | 操作时间 | | 操作地点 | |
| 任务目的 | 1. 掌握定价的影响因素、定价方法和定价策略<br>2. 培养良好专业素养 | | | | |
| 任务实施 | 准备 | 1. 理解 3 种定价方法<br><br>2. 自行选定婚礼服务产品 | | | |
| | 初步思考 | 1. 根据成本导向定价法确定价格下限<br><br>2. 根据需求导向定价法确定价格上限<br><br>3. 围绕竞争状况为确定最终价格提供参考 | | | |
| | 修改确定 | 1. 在小组内讨论，修改完善<br><br>2. 确定最终价格 | | | |
| 教师评价 | | | | | |

## 【思考实践】

婚庆业务洽谈中，如何向客户进行报价？

# 任务二：运用婚礼服务产品定价策略

服务产品定价策略是指服务企业根据市场中不同变化因素对商品价格的影响程度，采用不同的定价方法，制定出适合市场变化的商品价格，进而实现定价目标的企业营销战术。定价的意义在于使价格成为服务促销的有效手段。因此，服务企业必须善于根据市场情况、产品特点、消费心理和营销组合等因素，正确选择定价策略，保证价格适应性。

## 一、服务新产品定价策略

服务新产品的定价策略是指为新产品制定基本价格定价策略。为新产品定价是营销策略中一个十分重要的问题，它关系到新产品能否顺利进入市场，能否站稳脚跟，能否获得较大的经济收益。关于新产品的定价策略，主要有以下几种。

1. 撇脂定价策略

新产品在进入市场时，消费者有求新、求奇心理，需求弹性小，而且此时竞争对手较少，激烈竞争尚未出现。服务企业在此时有目的地将价格定得很高，以便在短时期内获取尽可能多的利润，尽快地收回投资，犹如从鲜奶中撇取奶油一样，故此称为撇脂定价策略。采用该策略，可使服务产品在短期内收回产品与服务开发费用，迅速积累资金。

2. 渗透定价策略

又称薄利多销策略，是指企业在新产品上市初期，利用消费者求廉的消费心理，以偏低的价格出售产品，使新产品以物美价廉的形象吸引顾客，挤掉竞争对手，提高市场占有率，使产品逐步渗透，从而扩大销路和销量，以谋取长远的稳定利润。这种定价策略有助于企业新产品迅速打开销路，占领市场，树立和提高企业的信誉。

3. 满意价格策略

又称平价销售策略，是指新产品上市后，按照企业的正常成本、税金和一般利润，把新产品定价为一般水平，使企业既能获得一般利润又能吸引购买，获得顾客好感。由于撇脂定价策略定价过高，对消费者不利，既容易引起竞争，又可能遇到消费者拒绝，具有一定风险。渗透定价策略定价过低，对消费者有利，对企业最初收入不利，资金的回收期也较长，若企业实力不强，将很难承受。而满意价格策略定价介于这两者之间，基本上能够做到供求双方都比较满意。

表 5-1 新产品常用定价策略及其比较

| 价格 | 市场需求量 | 产品特点突出程度 | 产品价格弹性 | 产品可替代性 | 投资可回收速度 |
|---|---|---|---|---|---|
| 撇脂价格 | 高 | 大 | 小 | 低 | 快 |
| 满意价格 | ↓ | ↓ | ↓ | ↓ | ↓ |
| 渗透价格 | 低 | 小 | 大 | 高 | 慢 |

## 二、折扣定价策略

大多数的服务市场上都可采用折扣定价策略。它指的是对基本价格作出一定的让步，将一部分利润转给顾客，以此来促进服务产品销售的定价策略。一般而言，服务企业采取折扣定价策略的目的有二：一是折扣是对服务承揽支付的报酬，以此来促进服务的生产和消费，如金融市场付给中间者的酬金；二是一种促销手段，可以鼓励提早付款、大量购买或高峰期以外的消费。常见的折扣定价主要有以下几种。

1. 付款方式折扣

企业为了鼓励购买者采用制定的付款方式或者有利于服务提供商尽快收取服务费用以降低发生损失的可能性的付款方式，而对此方式付款的顾客给予一定的价格折扣。例如，滴滴打车软件对使用滴滴支付的乘客给予一定的价格折扣，而使用其他支付方式则仍为原价。在一些较大的专业服务机构中，对一次性以现金方式支付咨询服务费的企业也给予一定的折扣。

2. 数量折扣

服务企业根据消费者购买的产品数量多少给予不同的折扣。购买得越多，折扣越高，消费者获利也越多。实行这种策略的目的就是鼓励消费者大批量购买或一次性购买多种服务产品。数量折扣可分为累进折扣和非累进折扣。所谓累进折扣，是指顾客在一定时间内（如一月、一年）购买产品总量达到一定额度时，按其总量的多少给予折扣。而非累进折扣指的是同一顾客在一次购买的服务产品达到一定额度时，按其总量的多少给予折扣。

3. 季节性折扣

是指企业对生产经营的季节性产品，为鼓励买主提早采购，或在淡季采购而给予的一种价格折让。这种价格折扣是企业给那些过季商品或服务的顾客的一种减价，使企业的生产和销售在一年四季保持相对稳定。目的是鼓励购买者提早进货或淡季采购，以减轻企业仓储压力。现实中很多服务都采用季节性折扣策略，如酒店在旅游的淡季制定较低的价格，吸引顾客，提高客房的使用率。

4. 组合折扣

就是企业将相关的服务产品组合配套出售，对购买此组合产品的顾客给予价格折扣，使之比分别购买的价格更低一些。这在旅游业中很常见，也是婚庆行业中常见的一种折扣方式。

5. 预订折扣

预订就是在享受服务之前一定的时间交付费用，待到约定时间时，消费者按照预订时规定的内容享受服务。目前比较普遍的就是车票预订和旅游产品预订。提前预订一方面给企业在运营安排及现金流量等方面带来好处，另一方面也为消费者提供了低于正常价格的服务。因此，为了鼓励顾客提前预订，企业可对提前预订的消费者进行价格折扣。

6. 推广让利折扣

又称推广津贴，是生产企业对中间商积极开展促销活动所给予的一种补助或降价优惠。推广让利折扣主要应用于中间商分布广、影响面大、熟悉当地市场状况的情况。推广让利的主要方式有：一是促销让价，即当中间商为产品提供各种促销活动时，如刊登广告、设置样品陈列窗时，生产者乐意给予津贴，或降低价格作为补偿；二是以旧换新让价，指的是进入成熟期的耐用品，部分企业采用以旧换新的让价策略，刺激消费需求，促进产品的更新换代，扩大新一代产品的销售。

7. 交易折扣

指的是根据中间商在商品流通中的不同地位和作用，给予不同的折扣。例如，给予批发商的折扣大于零售商的折扣，以鼓励中间商努力销售本企业的商品。很常见的例子就是旅游企业大力鼓励中间商购买其产品。

## 三、差别定价策略

差别定价，又称弹性定价，是指企业根据顾客支付意愿的不同修改自己的基价而制定不同价格的定价方法。这些价格并不反映任何的成本比例差异。

差别定价法主要运用于两种情况：一是建立基本需求，尤其是对高峰期的服务最为实用。二是用以缓和需求的波动，降低服务易消失性的不利影响。

服务产品差别定价的形式主要有：

1. 顾客细分定价策略

要理解顾客细分定价策略，得先理解西方经济学中的一个概念："顾客剩余"，它是指顾客愿意为某产品付出的最高价格与其实际支付价格的差额。顾客由于购买水平的差异，对服务的需求程度不一，或对抽象服务的感觉价值不一样。在这种策略下，收入是一个细分的重要依据。对于收入高的顾客，可将服务的价格适当提高，不仅不妨碍其购买的积极性反而给他们带来心理上的满足；对于低收入顾客，适当降低价格，却可以提高其购买兴趣。比如在美国，医生、律师等对不同经济水平的顾客提供同样的服务，但收费却大不相同。除此之外，还可根据顾客的年龄、职业和阶层等来细分顾客，分别定价。如参观博物馆的学生票，老人进入公园免费等。采用顾客细分定价策略的条件，在于目标市场可以细分，而且表现出不同的需求程度；在本企业进行高价的市场范围，竞争者不可能低价进行抵抗；价格差异不会引起顾客方面的反感；分割和控制市场的费用，小于差别定价所获得的额外收入。

2. 产品附加价值定价策略

是指根据产品增加的服务利益，对同一类产品制定不同的价格。服务产品增加的服务利益是差别定价的一个重要基础，如银行推出的信用卡和储蓄卡，而这虽然成本相差无几，但是定价的差异很大，就是因为二者虽然都可以异地取钱，但是信用卡还有透支功能，因此储蓄卡一般免费办理，而信用卡不仅有办卡费用，而且每隔一定的年数还得交纳更新费用；旅馆豪华间的舒适感使顾客心甘情愿地掏出更多的钞票。

3. 服务的可接近差异定价策略

在服务的可接近（易得性）方面，主要考虑的是时间和地点。时间差别策略是以时间区分的差别定价策略，其目的不仅是增加企业收入，还可通过调整价格来抑制需求的波动，从而降低生产和经营成本。比如出租车白天载客按照标准价格收费，夜间则按一定比例加价；旅游景区在旅游旺季的酒店服务、餐厅服务等价格都高于旅游淡季。地点差别策略则按地区区别进行定价，如饭店和酒吧里的饮料、小吃等都比超市里的要高，其中一个重要原因就在于顾客在可接近性方面的需求强烈程度不同。

4. 服务的形象及品牌差异定价策略

企业形象的定位和塑造及企业品牌价值的差别都是差别定价法的主要基础。比如入住某国际知名酒店相同标准的客房的收费明显高于某普通酒店。

## 四、心理定价策略

心理定价策略是指运用一些心理学原理，根据顾客购买和消费服务产品时的心理动机来确定价格，引导他们购买的策略。

1. 保证定价策略

消费者在作出服务产品购买决策时通常会对服务产品质量等感知到风险，而保证定价策略能对一项服务进行直接保证，这对于顾客来说可能是一个非常有力的保险。即使顾客体验完服务产品后表示不满意，这个保证也将给予他们一个补偿，通常是降低价格或者是全部偿还。当服务产品保证执行成功时，它会代表公司对顾客满意的承诺以及对自己服务产品质量的自信。“保证必有某种结果产生后再付款”就是一种典型的保证定价法。比如职业介绍所的服务，必须要等到当事人获得了适当的工作职位后，才能收取费用。保证定价策略在以下 3 种情况下是很适合服务业使用的：①保证中的各种特定允诺可以肯定和确保者；②当高质量服务无法在削价的竞争环境中获取应有的竞争力时；③顾客所寻求的是明确的保证结果，如有保障的投资报酬率等服务产品。

2. 声望定价策略

随着社会经济的发展和人民生活水平的提高，人们往往通过消费来肯定自我价值和表达自己。这样的顾客一般都有求名望的心理，认为“价高质必优”，尤其在服务业，由于难以形成统一客观的评价服务质量的标准，价格在一定程度上就成为衡量服务质量的标准。声望定价策略是一些服务企业利用本企业或所提供的高质量或高档次服务在顾客中的良好声望而制定出比市场同类服务价格较高的标准，如高端私人定制、五星级酒店等往往采用这种定价策略。声望定价策略的高昂价格能使顾客产生“一分钱一分货”的感觉，从而在购买过程中得到精神的享受，实现良好效果。

3. 整数定价策略

对于那些无法显示服务质量的产品，顾客往往通过其价格的高低来判断其质量的好坏。但是在整数定价方法下，价格的高并不是绝对的高，而是凭借整数价格来给顾客造成高价的印象。整数定价常常以偶数，特别是“0”作尾数。整数定价策略适用于需求的价格弹性小、价格高低不会对需求产生较大影响的服务，如星级宾馆、高级文化娱乐场所等，由于其顾客都属于高收入阶层，也愿意接受较高的价格。

4. 尾数定价策略

又称“非整数定价”，是利用顾客求廉的心理，仅在整数价格之下制定一个带有零头的价格，以使他们感到获得了较低的价格，从而激发其购买欲望，促进服务销售量的增加。如 899 元和 900 元给人的感觉就是不同。

5. 习惯定价策略

顾客在长期购买某种服务产品的过程中，习惯上已经接受了这种产品的价格水平。企业参考这种习惯性价格来制定产品价格的方法就是习惯性定价策略。一般情况下，只要服务产品的基本功能和用途不变，顾客往往只愿意按原有的价格购买，降价会让他们对产品的质量产生怀疑，涨价则影响市场销量。

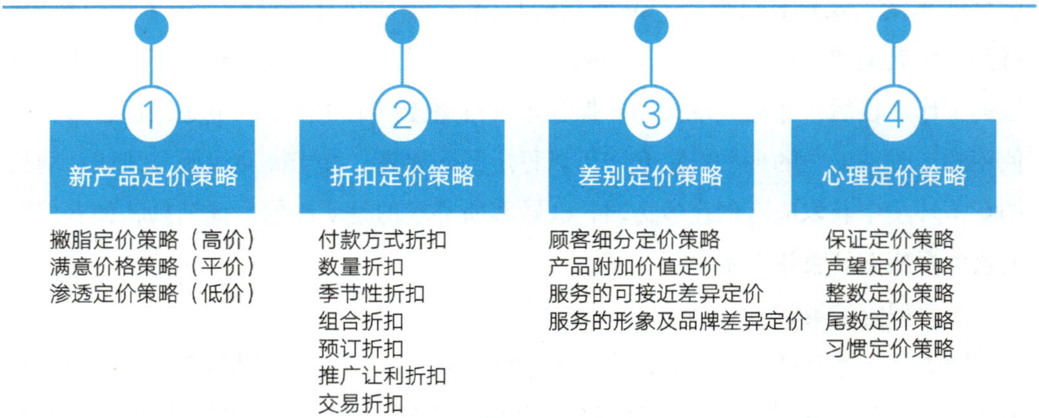


图 5-3　常用服务产品定价策略

## 五、婚礼服务产品报价

婚礼服务产品的报价是与客户的个性化婚礼需求和预算紧密相关的，因此一般来说不要先报出公司的价位，应等客户主动提出。婚庆公司应给客户打印一份报价单，从上面可展示公司方方面面的服务水准。这份报价单应包括：总体价格，人员服务，场地布置，其他道具，公司名称、地址、联系方式，日期等。

在报价上，主要有两大类婚礼服务产品的报价：一是套餐，二是定制方案。

1. 关于套餐的报价

套餐是指通过打包单项产品而形成的整套婚礼解决方案。在对套餐进行讲解时，应把握以下几个要点。

（1）针对性。消费者对于婚礼通常有一些特定需求。例如新人非常注重仪式感，或者更在乎来宾体验等。我们就要根据其需求进行针对性的讲解。如果在谈单过程中我们无法知道顾客的心理需求，也可以分析过去我们所策划的婚礼中哪些部分是更受顾客青睐的，以此来制定出适合这些新人的标准套餐。

（2）质感。婚礼的整体花销通常是以“万元”为计算单位的，对于消费者而言，属于决策较重的高消费范畴。但我们并不能在交易达成时，马上就为顾客提供服务。那么在套餐的呈现上，无论是精美的婚礼设计，还是细致且严谨的服务态度，都要呈现出厚重的质感，让消费者更加直观地感受到产品是与高昂的花费相匹配的。

（3）把握讲解技巧。要运用标准流程介绍，详细阐述每一项产品背后的用途和服务流程体系，让顾客清晰地知道这份清单背后是我们的工作在发挥着重要的作用。

2. 关于定制方案的报价

从策划的角度来说，定制方案的报价其实是更为合理的，但同样也会存在一些棘手的问题。定制化的报价方案会对所使用的物品进行详细的罗列，精确到每项物品的数量和单价，这会造成一种情况出现，就是消费者可能在对某项单品的价格存在异议时，会产生自行购买或是更改的想法，而这会在很大程度上破坏方案设计的完整度。针对这种情况，我们在定制方案的报价上需要注意以下两个方面。

（1）摸清消费者真实预算。最初我们得到的预算，很有可能只是顾客口头上的预算，并不一定是顾客心里的真实预算。因为在最初达成交易时，顾客很有可能带有一种较为冲动的消费心理，但伴随着筹备过程的深入和资金的不断支出，会逐渐回归理性。如果我们没有在第一时间摸清顾客的真实预算，很容易造成方案价格过高，得不到顾客的认可。所以在谈单过程中，我们需要巧用预算测试方法，可以相对准确地摸清顾客心里的真实预算。

（2）做好费用统筹预算：在与顾客沟通中，可能会遇到顾客问这样的问题：“我的婚礼花了 5 万块钱，为什么签到台是这样的呢？”出现这个问题的原因可能是在仪式流程环节和执行团队的开支上占据了较大比例，从而让签到台的预算非常受限。而之所以出现这样的情况，多是因为销售顾问在策划开始阶段没有进行有效的费用统筹。因此，对于销售顾问而言，在掌握了顾客心里的真实预算后，需要继续与之沟通有关各环节内容的投入比例情况，这样既可以保证整个策划方向都是满足顾客的偏好的，又能够让顾客了解花费的合理性，最大限度地获得顾客的支持与配合。在进行费用预算的统筹工作时，我们可以建立一个各项内容在总费用中所占比例的模型，以便为顾客提供建议，然后由双方协调，确定最终的协调比例。

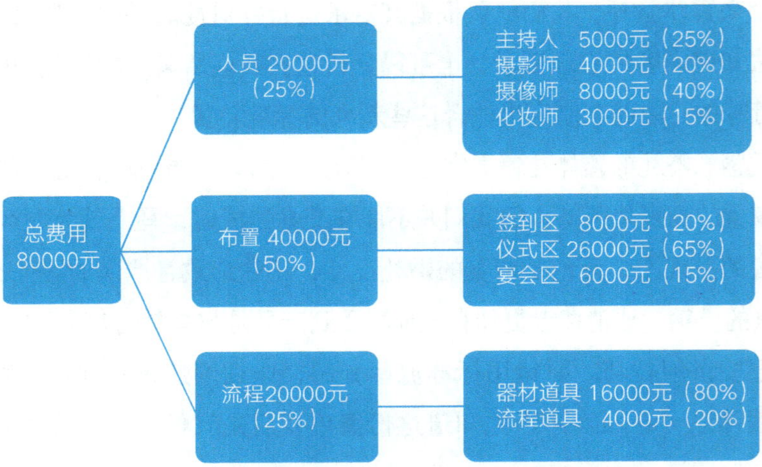


**图 5-4 婚礼各项费用在总费用中所占比例的模型举例**

客户：我花了 4 万元办婚礼，茶点区的点心为什么那么少？

问题分析：顾客往往只注意到局部区域所提供的道具数量不如预期，却没有对整场婚礼的总花销进行清晰的盘点。因此，需要婚礼顾问根据婚礼各项费用在总费用中所占的比例进行说明。

问题解答：是这样的，婚礼的总费用包括策划师的设计费用、场地布置的搭建费用、婚礼流程的道具费用及执行团队的执行费用。您的总款项确实是 4 万元，但是布置道具的占比是 50%，您只有 2 万元花费在场地布置区域。布置区域又分为仪式区、宴会区、签到区和茶点区 4 个部分。如果您需要更多的茶点，我们可以适当调整这一部分的费用比例。

## 【任务导入】

小方是某婚庆公司的一名年轻的婚礼顾问，谈单是她的主要工作。以下是小方遇到的不同客户有关婚礼服务产品价格的问题，请问如果你是小方，你该如何一一回应。可以两两同学间角色扮演的形式进行：

（1）客户：在你们这里办一场婚礼大概要花多少钱？

（2）客户：我只需要 ×××× 这些服务，价位是多少？

（3）客户：我花了 4 万元办婚礼，迎宾区的鲜花为什么那么少？

（4）客户：你家的收费怎么感觉比别人的贵很多呢？

## 【任务分析】

该任务涉及的都是顾客在洽谈时可能会针对婚礼服务产品价格提出的常见问题。当然，顾客关于价格的问题肯定不局限于以上 4 个。我们在这里的任务主要是抛砖引玉，引导同学们熟悉定价策略，紧扣新人的需求、预算，以及婚庆服务中影响价格的非固定因素，去进行合理报价。此外，要学会构建各项内容在总费用中所占比例的模型，让消费者更好地理解报价的科学性和合理性。

## 【任务实施】

### 一、操作流程图

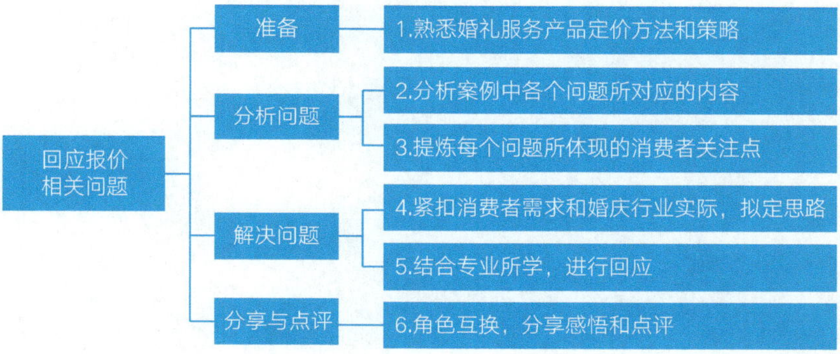


### 二、操作注意事项

1. 作为服务人员，保持良好风貌，不卑不亢。对于价格等敏感问题，既不漫天要价，也不轻易妥协。

2. 一定要紧扣消费者需求。

## 【任务工单】

<table>
<tr><td>任务名称</td><td>回应报价<br>相关问题</td><td>学时</td><td></td><td>培训对象</td><td></td></tr>
<tr><td>学生姓名</td><td></td><td>联系电话</td><td></td><td>任务成绩</td><td></td></tr>
<tr><td>任务设备</td><td></td><td>操作时间</td><td></td><td>操作地点</td><td></td></tr>
<tr><td>任务目的</td><td colspan="5">1. 理解定价的影响因素<br>2. 培养良好专业素养</td></tr>
<tr><td rowspan="3">任务实施</td><td>准备</td><td colspan="4">熟悉婚礼服务产品定价方法和策略</td></tr>
<tr><td>分析问题</td><td colspan="4">1. 分析案例中各个问题所对应的内容<br>2. 提炼每个问题所体现的消费者关注点<br>3. 围绕竞争状况为确定最终价格提供参考</td></tr>
<tr><td>解决问题</td><td colspan="4">1. 紧扣消费者需求和婚庆行业实际，拟定思路<br>2. 结合专业所学，进行回应</td></tr>
</table>

续表

| | | |
|---|---|---|
| 任务实施 | 分享与点评 | 角色互换，分享感悟和点评 |
| | | 我的感受与收获： |
| 教师评价 | | |

## 【思考实践】

如何针对不同类型的客户谈论价格问题？

6

# 项目六　建立婚礼服务产品营销渠道

众所周知，现代营销学中提倡营销组合策略，即“4P”：产品（Product）、价格（Price）、渠道（Place）、促销（Promotion）4 个因素。一个成功的婚庆企业除了需要优质的产品、合理的价格体系和有效的促销手段外，营销渠道（网络）的规划、设计、选择也是企业取得成功的重要条件。因此，掌握科学的婚礼服务产品营销渠道类型、分销渠道的设计、分销渠道选择的影响因素、网络营销渠道的选择等知识能够帮助婚礼服务产品营销人员在激烈的竞争环境当中找到适合本企业发展的产品营销渠道，合理高效地营销本企业的婚礼产品。

## 【任务目标】

### 知识目标

1. 理解营销渠道、网络营销的相关内涵。
2. 掌握婚礼服务产品分销渠道的设计技能。
3. 熟悉婚礼服务产品网络营销渠道的选择。

### 能力目标

1. 通过所学知识设计婚礼服务产品分销渠道。
2. 能结合企业自身情况，为婚礼服务产品制定有效渠道策略。

### 素质目标

1. 具有良好、严谨的职业道德素质。
2. 具有耐心、仔细的工作作风。
3. 具备与他人团结协作的团队合作精神。

### 思政目标

能够在选择婚礼服务产品营销渠道时对各类营销环境进行熟练掌握，强化婚庆服务者的社会责任意识。

# 任务一：确定婚礼服务产品营销渠道

## 一、营销渠道的含义

营销渠道是指某种货物或劳务从生产者向消费者转移时，取得这种货物或劳务的所有权或帮助转移其所有权的所有企业或个人。简单说，营销渠道就是商品和服务从生产者向消费者转移过程的具体通道或路径。

任何一种类型的企业在产品营销活动中都存在如何使企业生产的产品尽快从生产者手中转移到消费者手中的问题，而这一问题解决的关键在于建立顺畅高效的分销渠道。传统营销渠道按照有无中间环节可以分为直接分销渠道和间接分销渠道两种。由生产者直接把产品销售给最终用户的营销渠道称为直接分销渠道，即直销；至少包括一个中间商的营销渠道则称间接分销渠道，即分销。还可以根据中间商的数量对传统营销渠道分类，直接分销渠道两端为生产者和消费者，没有中间商，称为零级渠道；间接分销渠道则根据中间环节的数量分为一级、二级、三级甚至更多级的渠道。

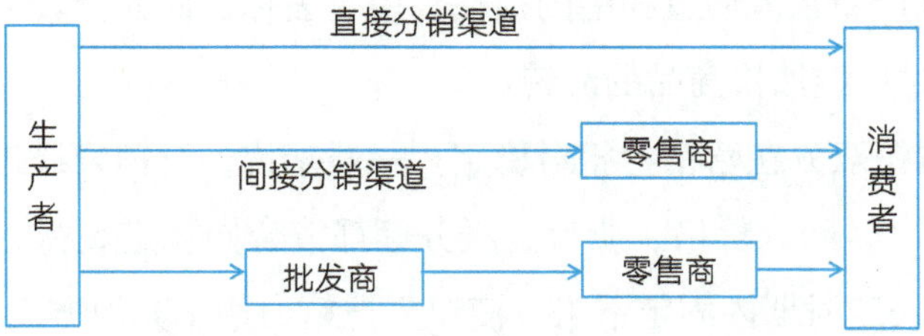


**图 6-1　传统营销渠道**

在企业的实际经济活动中，营销渠道的概念不仅仅限于有形产品的营销活动，在服务产品营销活动中同样存在营销渠道问题。服务企业也要解决如何使自己的服务产品更加接近目标顾客，使空间上较为分散的顾客与机构能够方便快捷地享受到服务企业所提供的优质服务。

## 二、分销渠道的传统类型

按流通环节的多少，可以将分销渠道划分为直接渠道和间接渠道、短渠道和长渠道；按各流通环境中间商数目的多少，又可将分销渠道分为宽渠道和窄渠道、单渠道和多渠道。

1. 直接渠道和间接渠道

（1）直接渠道也称直接分销渠道。是商品从生产领域转移到消费领域不经过任何中间商转手的分销渠道。企业直接分销的方式比较多，但概括起来有如下几种。

① 订购分销。它是指生产企业与用户先签订购销合同或协议，在规定时间内按合同条款供应商品，交付款项。一般来说，主动接洽方多数是销售生产方（如生产厂家派员推销），也有一些走俏产品或紧俏原材料、备件等由用户上门求货。

② 自开门市部销售。它是指生产企业通常将门市部设立在生产区外、用户较集中的地方或商业区。也有一些邻近于用户或商业区的生产企业将门市部设立于厂前。

③ 联营分销。如工商企业之间、生产企业之间联合起来进行销售。

（2）直接分销渠道的优势主要体现在：

① 有利于产、需双方沟通信息，可以按需生产，更好地满足目标顾客的需要。由于是面对面的销售，用户可更好地掌握商品的性能、特点和使用方法；生产者能直接了解用户的需求、购买等特点及其变化趋势，进而了解竞争对手的优势和劣势及其营销环境的变化，为按需生产创造了条件。

② 可以降低产品在流通过程中的损耗。由于去掉了商品流转的中间环节，减少了销售损失，有时也能加快商品的流转。

③ 可以使购销双方在营销上相对稳定。一般来说，直销渠道进行商品交换，都签订合同，数量、时间、价格、质量、服务等都按合同规定履行，购销双方的关系以法律的形式于一定时期内固定下来，使双方把精力用于其他方面的战略性谋划。

④ 可以在销售过程中直接进行促销。企业直接分销，实际上又往往是直接促销的活动。例如，企业派员直销，不仅促进了用户订货，同时也扩大了企业和产品在市场中的影响，又促进了新用户的订货。

（3）直接分销渠道的缺点：

① 在产品和目标顾客方面：对于绝大多数生活资料商品，其购买呈小型化、多样化和重复性 。生产者若凭自己的力量去广设销售网点，往往力不从心，甚至事与愿违，很难使产品在短期内广泛分销，很难迅速占领或巩固市场，企业目标顾客的

需要得不到及时满足，势必转移方向购买其他厂家的产品，这就意味着企业失去了目标顾客和市场占有率。

② 在商业协作伙伴方面：商业企业在销售方面比生产企业的经验丰富，这些中间商最了解顾客的需求和购买习性，在商业流转中起着不可缺少的桥梁作用。而生产企业自销产品，就拆除了这一桥梁，势必自己去进行市场调查，包揽了中间商所承担的人、财、物等费用。这样，加重生产者的工作负荷，分散生产者的精力。更重要的是，生产者将失去中间商在销售方面的协作，产品价值的实现增加了新的困难，目标顾客的需求难以得到及时满足。

③ 在生产者与生产者之间：当生产者仅以直接分销渠道销售商品，致使目标顾客的需求得不到及时满足时，同行生产者就可能趁势而进入目标市场，夺走目标顾客和商品协作伙伴。在生产性团体市场中，企业的目标顾客常常是购买本企业产品的生产性用户，他们又往往是本企业专业化协作的伙伴。所以，失去目标顾客，就意味着失去了协作伙伴。当生产者之间在科学技术和管理经验的交流受到阻碍以后，将使本企业在专业化协作的旅途中更加步履艰难 ，这又影响着本企业的产品实现市场份额和商业协作，从而造成一种不良循环。

（4）间接渠道又称间接分销渠道。间接分销渠道是指生产者利用中间商将商品供应给消费者或用户，中间商介入交换活动。如服务业市场的中间商形式就有很多，常见的有：

① 代理。代理服务的提供商与潜在的购买者进行接触，代理收集订单并转交服务供应商。

② 代销。专门执行或提供一项服务，然后以特许的方式销售该服务。

③ 经纪。在某些市场，服务必须或经传统惯例的要求由中介机构提供才行。

④ 批发商。从事批发业务的服务中介。

⑤ 零售商。直接面对顾客提供相应服务。

（5）间接分销渠道的优点：

① 有助于产品广泛分销。中间商在商品流转的始点同生产者相连，在其终点与消费者相连，从而有利于调节生产与消费在品种、数量、时间与空间等方面的矛盾。既有利于满足生产厂家目标顾客的需求，也有利于生产企业产品价值的实现，更能使产品广泛地分销，巩固已有的目标市场，扩大新的市场。

② 缓解生产者人、财、物等力量的不足。中间商购走了生产者的产品并交付了款项，就使生产者提前实现了产品的价值，开始新的资金循环和生产过程。此外，

中间商还承担销售过程中的仓储、运输等费用，也承担着其他方面的人力和物力，这就弥补了生产者营销中的力量不足。

③ 间接促销。消费者往往是货比数家后才购买产品，而一位中间商通常经销众多厂家的同类产品，中间商对同类产品的不同介绍和宣传，对产品的销售影响甚大。此外，实力较强的中间商还能支付一定的宣传广告费用，具有一定的售后服务能力。所以，生产者若能取得与中间商的良好协作，就可以促进产品的销售，并从中间商那里及时获取市场信息。

④ 有利于企业之间的专业化协作。现代机器大工业生产的日益社会化和科学技术的突飞猛进，使专业化分工日益精细，企业只有广泛地进行专业化协作，才能更好地迎接新技术、新材料的挑战，才能经受住市场的严峻考验，才能大批量、高效率地进行生产。中间商是专业化协作发展的产物。生产者产销合一，既难以有效地组织商品的流通，又使生产精力分散。有了中间商的协作，生产者可以从烦琐的销售业务中解脱出来，集中力量进行生产，专心致志地从事技术研究和技术革新，促进生产企业之间的专业化协作，以提高生产经营的效率。

（6）间接分销渠道的缺点：

① 可能形成“需求滞后差”。中间商购走了产品，并不意味着产品就从中间商手中销售出去了，有可能销售受阻。对于某一生产者而言，一旦其多数中间商的销售受阻，就形成了“需求滞后差”，即需求在时间或空间上滞后于供给。但生产规模既定，人员、机器、资金等照常运转，生产难以剧减。当需求继续减少，就会导致产品的供给更加大于需求。若多数商品出现类似情况，便造成所谓的市场疲软现象。

② 可能加重消费者的负担，导致抵触情绪。流通环节增大储存或运输中的商品损耗，如果都转嫁到价格中，就会增加消费者的负担。此外，中间商服务工作欠佳，可能导致顾客对商品的抵触情绪，甚至引起购买的转移。

③ 不便于直接沟通信息。如果与中间商协作不好，生产企业就难以从中间商的销售中了解和掌握消费者对产品的意见、竞争者产品的情况、企业与竞争对手的优势和劣势、目标市场状况的变化趋势等。在当今风云变幻、信息爆炸的市场中，企业信息不灵，生产经营必然会迷失方向，也难以保持较高的营销效益。

2. 长渠道和短渠道

对于间接渠道来讲，根据其介入的中间商层次的多少可以分为长渠道和短渠道。长渠道是指生产者经过两道以上的中间环节，把产品销售给消费者；而短渠道则是指生产者没有或只是经过一个中间环节，把商品销售给消费者。

分销渠道的长短一般是按流通环节的多少来划分，具体包括以下四层（见表 6-1）。

表 6-1 长渠道和短渠道

| | |
|---|---|
| 零级渠道 | 生产者—消费者 |
| 一级渠道 | 生产者—零售商—消费者 |
| 二级渠道 | 生产者—批发商—零售商—消费者<br>生产者—代理商—零售商—消费者 |
| 三级渠道 | 生产者—代理商—批发商—零售商—消费者 |

3. 宽渠道和窄渠道

渠道宽窄取决于渠道的每个环节中使用同类型中间商数目的多少。企业使用的同类中间商多，产品在市场上的分销面广，称为宽渠道。如一般的日用消费品（毛巾、牙刷、暖水瓶等），由多家批发商经销，又转卖给更多的零售商，能大量接触消费者，大批量地销售产品。企业使用的同类中间商少，分销渠道窄，称为窄渠道，它一般适用于专业性强的产品，或贵重耐用的消费品，由一家中间商统包，几家经销。它使生产企业容易控制分销，但市场分销面受到限制。

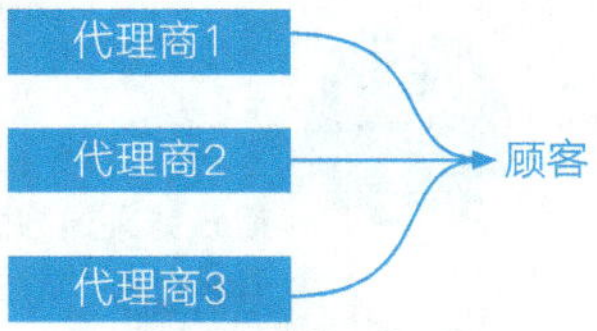

图 6-2 宽渠道模式

4. 单渠道和多渠道

当企业全部产品都由自己直接所设的门市部销售，或全部交给批发商经销，称之为单渠道。多渠道则可能是在本地区采用直接渠道，在外地则采用间接渠道；在有些地区独家经销，在另一些地区多家分销；对消费品市场采用长渠道，对生产资料市场则采用短渠道等。婚庆服务产品可以采取多渠道或单渠道的模式，也可以采取宽渠道或窄渠道的模式。

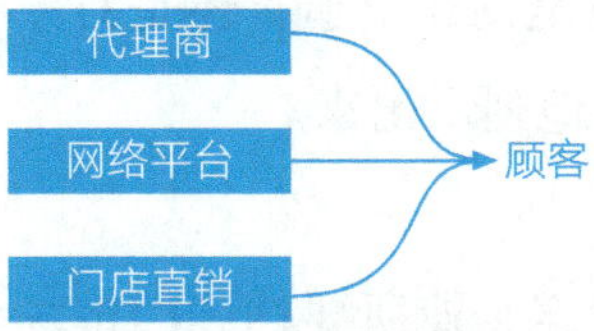

图 6-3 多渠道模式

## 三、分销渠道的设计

分销渠道设计是指建立以前从未存在过的分销渠道或对已经存在的渠道进行变更的营销活动。设计渠道一般包括分析渠道服务产出水平、确定渠道目标与限制、确定渠道结构方案和评估主要渠道方案 4 个方面。

1. 分析渠道服务产出水平

渠道服务产出水平是指渠道策略对顾客购买商品和服务问题的解决程度。

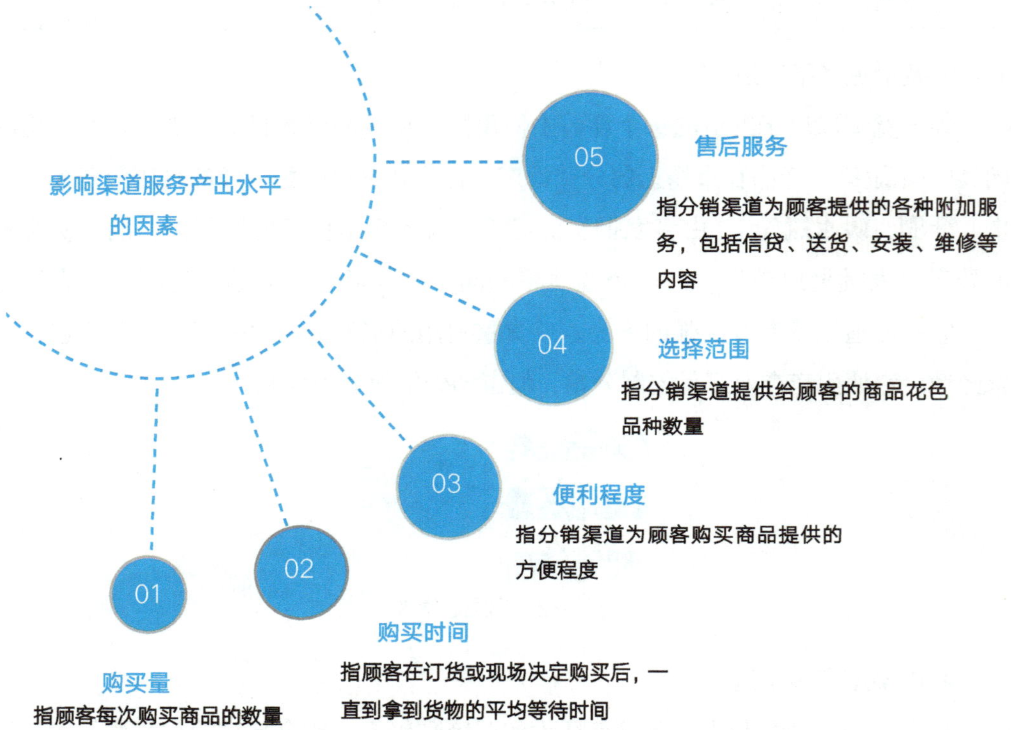


图 6-4　影响渠道服务产出水平的因素

2. 确定渠道目标与限制

渠道设计的中心环节是确定达到目标市场的最佳途径。渠道目标应表述为企业预期达到的顾客服务水平（何时、何处、如何对目标顾客提供产品和实现服务）以及中间商应执行的职能。无论是创建渠道，还是对原有渠道进行变更，设计者都必须将企业的渠道设计目标明确地列示出来。

3. 确定渠道结构方案

有效的渠道设计应该以确定企业所要达到的市场为起点，没有任何一种渠道可以适应所有的企业、所有的产品，即使是性质相近，甚至是同一种产品，有时也不得不采用迥然不同的分销渠道。

4. 评估主要渠道方案

评估主要渠道方案的任务，是解决在那些看起来都可行的渠道结构方案中，选择出最能满足企业长期营销目标的渠道结构方案。因此，必须运用一定的标准对渠道进行全面评价。其中常用的有经济性、可控制性和适应性三方面的标准。

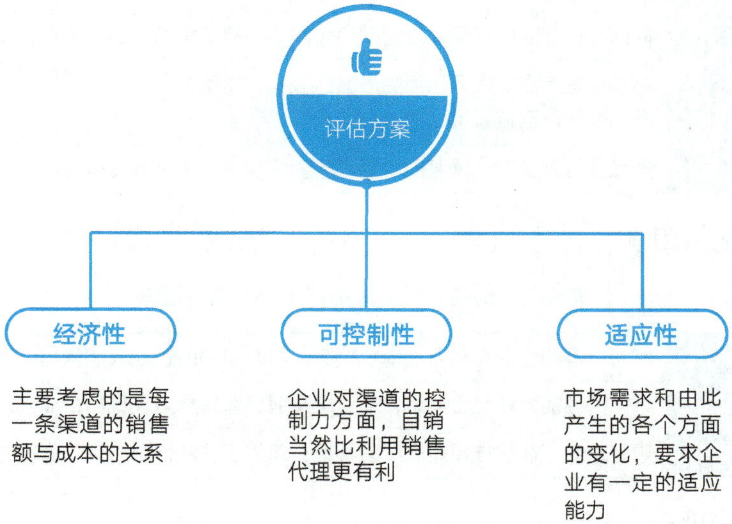


图 6-5　评估方案

## 四、分销渠道选择的影响因素

影响产品分销渠道选择的因素很多。企业在选择分销渠道时，必须对如下几方面因素进行系统的分析和判断才能作出合理的选择。

1. 市场因素

表6-2　影响分销渠道选择的市场因素

| | |
|---|---|
| 市场范围宽广 | 市场范围宽广，适用长、宽渠道；反之，适用短、窄渠道 |
| 顾客集中程度 | 顾客集中，适用短、窄渠道；顾客分散，适用长、宽渠道 |
| 顾客购买量和购买频率 | 购买量小，购买频率高，适用长、宽渠道；相反，购买量大，购买频率低，适用短、窄渠道 |
| 消费季节性 | 没有季节性的产品一般都均衡生产，多采用长渠道；反之，多采用短渠道 |
| 竞争状况 | 除非竞争特别激烈，通常同类产品应与竞争者采取相同或相似的销售渠道 |

2. 产品因素

表 6-3 影响分销渠道选择的产品因素

| | |
|---|---|
| 物理化学性质 | 体积大、较重、易腐烂、易损耗的产品适用短渠道或采用直接渠道、专用渠道；反之，适用长、宽渠道 |
| 价格 | 价格高的工业品、耐用消费品适用短、窄渠道<br>价格低的日用消费品适用长、宽渠道 |
| 时尚性 | 时尚性程度高的产品适宜短渠道；款式不易变化的产品，适宜长渠道 |
| 标准化程度 | 标准化程度高、通用性强的产品适宜长、宽渠道<br>非标准化产品适宜短、窄渠道 |
| 技术复杂程度 | 产品技术越复杂，需要的售后服务要求越高，适宜直接渠道或短渠道 |

3. 企业自身因素

表 6-4 影响分销渠道选择的企业自身因素

| | |
|---|---|
| 财务能力 | 财力雄厚的企业有能力选择短渠道；财力薄弱的企业只能依赖中间商 |
| 渠道管理能力 | 渠道管理能力和经验丰富，适宜短渠道；管理能力较低的企业，适宜长渠道 |
| 控制渠道的愿望 | 愿望强烈，往往选择短而窄的渠道；愿望不强烈，则选择长而宽的渠道 |

4. 中间商因素

表 6-5 影响分销渠道选择的中间商因素

| | |
|---|---|
| 合作的可能性 | 如果中间商不愿意合作，只能选择短、窄的渠道 |
| 费用 | 利用中间商分销的费用很高，只能采用短、窄的渠道 |
| 服务 | 中间商提供的服务优质，企业采用长、宽渠道；反之，只有选择短、窄渠道 |

## 五、确定婚庆服务产品的营销渠道

1. 婚庆服务产品的直销

婚庆属于服务产品，由于其不可分离性和不可存储性，所以一般只能采取直销的分销方式，即没有中间商的销售渠道，渠道长度为零。换句话说，就是服务提供者直接推销自己的服务产品。这里直销的意思是服务商自己的服务产品，由企业直接销售，而不是通过中间企业或个人。婚庆服务产品的直销模式就是门店和网店，比如上市公司花海阁在 2016 年时北京城区就有 16 家分店，武汉、呼和浩特、广州、太原、东营、辽宁、沈阳等多个地市均设有直营公司，还有一些加盟店。

值得注意的是，开婚庆店铺要选择好地点，有了好地点才能有更多的顾客，生意好才有保障。店铺尽量临街而设，并尽可能选址两面或三面临街的路口，增强能见度，并可多设出入口，多设临街宣传橱窗。一些大型公共场所迎面处都是能见度较高的地点。选择店址的原则必须针对不同的目标店类型，因为不同店的类型，比如独立店、店中店、柜台承包，单层店、多层店，底层店、中层店、高层店等，分别对应着不同的选址原则。但无论如何，下列这些原则都是应该被考虑的通用原则。

（1）有足够的目标客户。包括人流量、潜在和现实的购买力等。

（2）具有方便的交通条件。如果客户的层次属于有车族，比如高档美容院、高档服务场所、高档商品店，那么还应考虑停车场的问题。

（3）门店的空间布局以均衡为主。店铺的作用更多是用于宣传品牌，现场销售只是其中一个方面。

（4）注意店铺成本。可以以经济上划算的代价取得。不能单纯地以租价考虑，因为一般而言，租价和从该地址获得的收益是成正比的。经济上考虑的不能是成本支出或收益的单项，而应是二者的差额即纯利润量。

（5）适度的竞争。虽然竞争不全是坏事，但过度激烈的竞争却很容易使单店的经营发生困难，单店工作人员也会很疲累，因为每天要面对巨大的压力。

另外，婚庆公司门店的装修也是非常重要的，这与能不能留住顾客与生意的好坏有很重要的影响关系。因此我们在装修时要注意选用喜庆浪漫的风格。一般来说最好是欧式风格、田园风格、地中海风格，这些风格容易给人带来浪漫幸福的感觉。当然，现在也有婚庆公司选择中式风格，因为现在有许多年轻人喜欢复古，中式风格有着浓郁的文化韵味，也能吸引很多顾客。

2. 婚庆企业的加盟连锁经营

加盟连锁经营是指总部将自己所拥有的商标、商号、产品、专利和专有技术、经营模式等以加盟连锁经营合同的形式授予加盟者使用，加盟者按合同规定，在总部统一的业务模式下从事经营活动，并向总部支付相应的费用。由于总部企业的存在形式具有连锁经营统一形象、统一管理等基本特征，因此也称之为连锁经营。

如喜糖铺子婚礼，加盟费用在 10 万—20 万元。苏州欧可朱古力食品公司主打产品品牌“喜糖铺子”，是现阶段较大的婚礼一站式服务连锁加盟组织。喜糖铺子应用自身的文化内涵将古典风格与当代、传统与时尚潮流很好地结合在一起。而且，企业还持续在新项目、特点、个性化上破旧立新，引入诸多欧式古典、日式风格的流行婚礼元素，让每一个婚礼更有个性化，具有时尚潮流感。经历 10 余年的发展，已经成为集结婚喜糖、喜气礼物、人性化婚品、婚礼庆典服务于一体的系统化婚礼商品及服务供应商。

（1）婚庆公司加盟的优势。

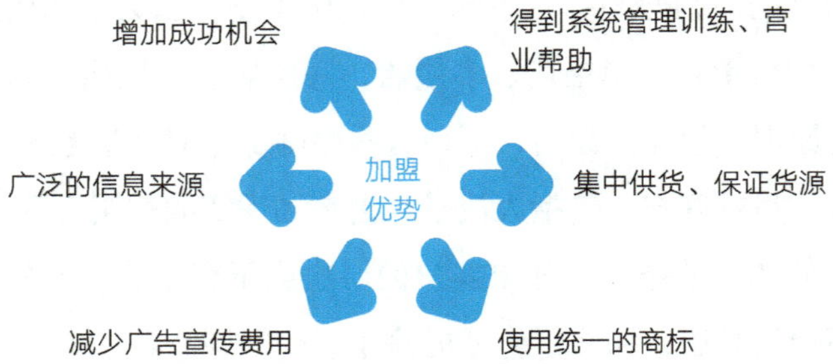


**图 6-6　婚庆公司加盟优势**

第一，可以降低创业风险，增加成功机会。在当今日趋激烈的竞争环境里，市场机会对于小资本的独立创业者来说已是越来越少。每年，全国几万家中小企业倒闭的事实告诉我们：一个资金有限，缺乏经验的投资者要在高度饱和的市场环境中独立开创一份自己的事业是困难重重，风险万分的。而投资者若选择一家业绩良好、实力雄厚、信誉颇高的特许经营连锁企业，加盟其连锁网络，其成功的机会将大大提高。小投资者加盟特许经营网络，有个连锁总部作“靠山”，又可以从总部那里获得专业技术等方面的援助，这对于缺乏经验的创业者来说，的确是一条通往成功的捷径。

第二，加盟商可以得到系统的管理训练和营业帮助。一家新店要独自摸索出一套可行的管理办法，往往需要很长的时间，或许在这套管理方法成熟之前，该店就因为多走了弯路而无法维持下去。但如果投资者加入连锁总部，他就不必一切从头做起，尽管他完全没有专业知识和管理经验，也可以立即得到总部的管理技巧、经营诀窍和业务知识方面的培训。而这些经验是总部经过多年实践，已被证明是行之有效的，并形成了一套规范的管理系统，加盟商照搬这些标准化的经营管理方式极易获得成功。

第三，加盟商可以集中进货，降低成本，保证货源。连锁经营最大的优势主要体现在集中进货与配送上。由于加盟总部规模大，实力雄厚，可以获得较低的进货价格，从而降低进货成本，取得价格竞争优势。同时，由于加盟总部是有组织的，在进货上克服了独立店铺那种盲目性，加上总部配送快捷，加盟者能将商品库存压到最低限度，从而使库存成本相应降低。而加盟者卸下了采购重担，只需将全部精力放在商品推销上，这就加速了商品流转，提高了利润水平。

第四，加盟商可以使用统一的商标和规范的服务。现代社会的消费者，关注的不仅仅是商品的价格。店铺良好的形象与高质量的服务已成了消费者关注的首选。因此，对于一个初涉商海的创业者来说，最头疼的问题就是不知如何提高自己的声誉，吸引消费者，即所谓的“打响招牌”。当然他可以利用大量的广告展开宣传攻势。但一般的个体经营者，资金有限，他想要创出自己的招牌可谓难上加难。

第五，加盟者可以减少广告宣传费用，达到良好的宣传效果。个体经营者加盟连锁组织以后，可以坐享已经建立起来的良好信誉和知名度，省去初创业时“打响招牌”的广告宣传费用，这是不言而喻的。

第六，加盟者可以获得更广泛的信息来源。由于加盟连锁总部将从各加盟店收集来的信息数据加工后及时反馈给加盟店，并随时对周围的各种环境作市场调查和分析，其中包括消费水平的变动、消费倾向的改变等，使得各加盟者能及早采取应对措施。

（2）婚庆公司加盟经营取胜要素。

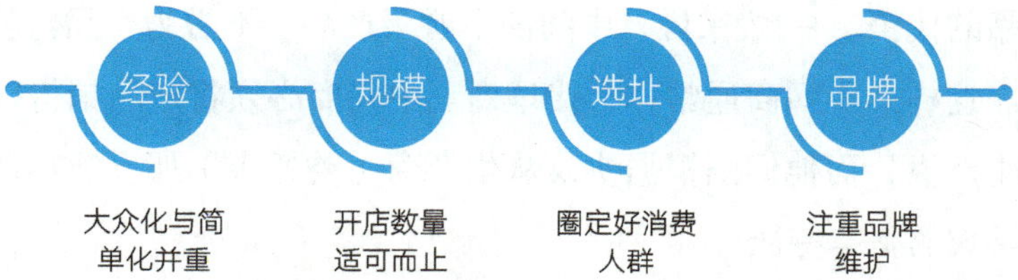


**图 6-7 婚庆公司加盟经营取胜要素**

第一，经验：大众化与简单化并重。

加盟的基本概念是品牌与经营经验的传授，加盟者因为不懂经营技术，所以才要加盟。也就是让外行的人，通过短期的教育训练而能上场操作。但是，在短期内要让加盟者从生手变成熟手，经营操作的技术必须简单化。比如婚礼产品可以由总部提供模块化的设计。

第二，规模：开店数量适可而止。

一家企业如果想扩大加盟，必须达到连锁的经济规模，也就是加盟店要开到一定规模。而且，加盟总部对每一家加盟店所持续收取的费用不能过高。如果加盟店越开越多，那么每家店的商圈范围势必变小，则意味着商圈内的消费者也会越来越少。竞争者增加了，但消费市场却没有随着店数的增长而增长。

同时，店面的消费对象无法像商品一样不受区域限制，连锁店的消费群体只能针对店面附近的人。如果在这群有限的消费者中，再去抓部分特定消费对象，消费人口会变得更少。所以，对于太有特色的店，或是独特性太强的店，就不适合开太多家分店。

第三，选址：圈定好消费群体。

不同形态的店面对选择地点的要求也有不同。如果某种形态的店对商圈的要求标准不很严格，那么选择开店地点就相对容易一些。反之，如果店面对地区条件要求非常苛刻，适合的商圈不容易找到，那么店面数量也不会开得很多。

第四，品牌：注重品牌的维护。

加盟企业的品牌，也就是店门口所挂的招牌，它的知名度和美誉度非常重要。连锁体系所要建立的是连锁企业的品牌，而非产品品牌。唯有建立起连锁企业的金字招牌，加盟店才会依附在这块招牌下。

3. 婚庆产品的代理分销

代理分销渠道模式是指制造商利用一定的中间商帮助寻找顾客、销售商品，但是制造商没有向中间商转让产品所有权。因此，中间商只是在接受生产商委托的前提下进行商品的代销。 一般来说，中间商不购买产品，不必为产品付款，也没有产品的所有权。这样的中间商通常称为代理商。中间商必须将产品销售以后所取得的货款返还给生产商，而他们则根据协议从生产商（委托人）那里获得佣金。这是代理分销渠道模式的基本特征。

（1）代理分销的优点：

① 因为产品所有权没有转移给代理商，所以生产商能够利用其所有者地位对代理分销渠道的运行施加一定的控制。

② 在商品分销方面，代理商可以利用自身能力寻找和开发潜在顾客，利用职业销售技能完成产品销售，从而分担销售投资，节省交易费用。

③ 在一定程度上也能够实现生产商与代理商共同分担销售风险。为降低风险，代理商必须努力开拓市场。代理商的努力将为生产商带来好处。

（2）代理分销的缺点：

① 积极性较差。由于代理商没有产品所有权，所承担的销售风险较小，因此他们可能不会尽最大努力来开拓市场，全面提升销售业绩。

② 灵活度较差。由于产品销售价格、销售服务等的决策权最终还是掌握在生产商手上，代理商难以灵活地调整价格策略和服务策略，因而对市场竞争的适应性较低。

③ 管理代理关系的难度。有时代理商为了谋求自身利益，不惜要挟生产商推出成本很高的服务项目，或者过度降低价格来提升商店人气，或者向生产商收取佣金之外的促销费、进场费等。这些弊端必然降低代理分销渠道模式的运行效益，损害生产商的利益。

4. 互联网销售平台

技术进步对营销渠道结构的演变与管理行为的变化有着重要的影响。互联网的应用与普及，为人们创造了一张巨大的信息网络，也为婚庆公司构建营销渠道提供了一个新的平台。婚庆服务业有着它独自的特点。针对交易次数少，而且购买者比较分散等特点，在建设网络营销渠道时，要注意以下几点：一是网站设计清楚明了，比如以喜庆的大红色为底色，而且将产品按消费者的购买喜好分门别类，一目了然，照片尽量做到原版重现，以便让消费者克服网络购物虚幻的感觉。二是设计简单明了的订货系统。首先是不要让消费者填写太多信息，而是采用购物车购买，因为婚庆用品种类较多，有了模拟超市的购物车，消费者可以一边看物品进行比较，一边进行选购，最后进行一次性付款。再者，订货系统提供了商品搜索和分类查找的功能，可以让消费者在最短的时间内找到自己所需求的商品。三是完善配送系统。在大环境的配送系统尚不完善的情况下，尽可能增加门店的数量，争取做到在尽可能短的时间内将货物给消费者配送到。

## 【任务导入】

请寻找一家现实中存在的婚庆企业，作为你设计分销渠道的对象。渠道设计完成之后，再根据相应的筛选结果，为婚庆企业作出具体的决定。

## 【任务分析】

### 一、主要解决的问题

选择什么样的销售渠道更适合企业自身目前的发展情况。

### 二、主要训练目标

能够认识市场营销环境对企业决策的影响，有能力为企业提出合理的方案和建议。

## 【任务实施】

### 一、操作流程图

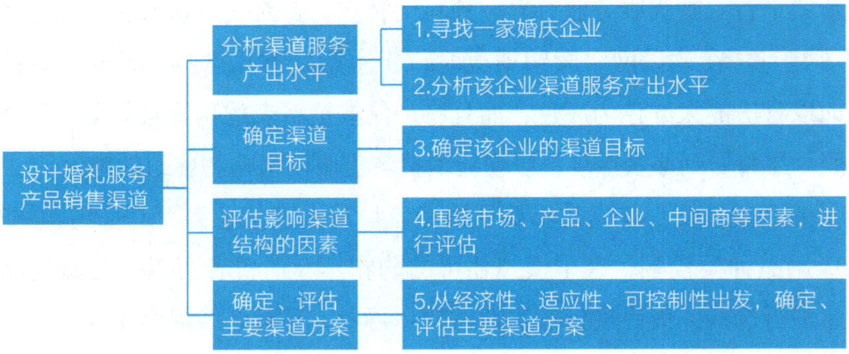


### 二、操作注意事项

1. 操作前熟悉市场上有代表性的婚庆企业，选择合适的分析对象。

2. 操作前熟悉分析对象的所有情况。

3. 训练过程中代入作为营销人员的身份，设身处地地思考问题。

## 【任务工单】

（工单中写不下的部分可以另附纸完成）

<table>
<tr><td>任务名称</td><td>设计婚礼服务产品销售渠道</td><td>学时</td><td></td><td>培训对象</td><td></td></tr>
<tr><td>学生姓名</td><td></td><td>联系电话</td><td></td><td>任务成绩</td><td></td></tr>
<tr><td>任务设备</td><td></td><td>操作时间</td><td></td><td>操作地点</td><td></td></tr>
<tr><td>任务目的</td><td colspan="5">1. 掌握营销渠道的内涵<br>2. 能为企业建立以前从未存在过的分销渠道或对已经存在的渠道进行变更</td></tr>
<tr><td rowspan="4">任务实施</td><td>分析渠道服务产出水平</td><td colspan="4">1. 购买量：<br>2. 购买时间：<br>3. 便利程度：<br>4. 选择范围：<br>5. 售后服务：</td></tr>
<tr><td>确定渠道目标</td><td colspan="4"></td></tr>
<tr><td>评估影响渠道结构的因素</td><td colspan="4">市场：<br>产品：<br>企业：<br>中间商：</td></tr>
<tr><td>确定、评估主要渠道方案</td><td colspan="4">经济性：<br>可控制性：<br>适应性：</td></tr>
<tr><td>教师评价</td><td colspan="5"></td></tr>
</table>

## 【思考实践】

1. 如何将营销渠道的设计与企业分销目标紧密结合在一起？
2. 如何评估影响渠道结构的因素？
3. 渠道管理者如何从各备选方案中选出最佳的渠道结构？

# 任务二：开展婚礼服务产品网络营销

## 一、网络营销概述

1. 网络营销概念

网络营销是基于网络及社会关系网络连接企业、用户及公众，向用户及公众传递有价值的信息与服务，为实现顾客价值及企业营销目标所进行的规划、实施及运营管理活动。网络营销是企业整体营销战略的一个组成部分，是为实现企业总体经营目标所进行的，以互联网为基本手段，营造网上经营环境并利用数字化的信息和网络媒体的交互性来辅助营销目标实现的一种新型的市场营销方式。

2. 网络营销的主要渠道

（1）搜索引擎营销：即 SEM（通常以 PPC 为代表），通过开通搜索引擎竞价，让用户搜索相关关键词，并点击搜索引擎上的关键词链接进入网站 / 网页进一步了解他所需要的信息，然后通过拨打网站上的客服电话、与在线客服沟通或直接提交页面上的表单等来实现自己的目的。

（2）电子邮件营销：是以订阅的方式将行业及产品信息通过电子邮件的方式提供给所需要的用户，以此建立与用户之间的信任关系。

（3）即时通信营销：利用互联网即时聊天工具进行推广宣传的营销方式。

（4）博客营销：博客营销是建立企业博客或个人博客，用于企业与用户之间的互动交流以及企业文化的体现，一般以诸如行业评论、工作感想、心情随笔和专业技术等作为企业博客内容，使用户更加信赖企业，深化品牌影响力。

（5）微博营销：微博营销是指通过微博平台为商家、个人等创造价值而执行的一种营销方式，也是指商家或个人通过微博平台发现并满足用户的各类需求的商业行为方式。

（6）微信营销：微信营销是网络经济时代企业营销模式的一种创新，是伴随着微信的火热而兴起的一种网络营销方式。微信不存在距离的限制，用户注册微信后，可与周围同样注册的“朋友”形成一种联系，用户订阅自己所需的信息，商家通过提供用户需要的信息，推广自己的产品，从而实现点对点的营销，比较突出的如体验式微营销。

（7）视频营销：以创意视频的方式，将产品信息移入视频短片中，被大众所吸收，也不会造成太大的用户群体排斥性，容易被用户群体所接受。

（8）软文营销：软文广告顾名思义，它是相对于硬性广告而言的，由企业的市场策划人员或广告公司的文案人员来负责撰写的“文字广告”。与硬广告相比，软文之所以叫作软文，精妙之处就在于一个“软”字，好似绵里藏针，藏而不露，克敌于无形。

（9）O2O 立体营销：是基于线上、线下全媒体深度整合营销，以提升品牌价值转化为导向，运用信息系统移动化，帮助企业打造多渠道、多层次、多元化、多维度、全方位的立体营销网络，并根据市场大数据分析制定出一整套完善的多维度立体互动营销模式，从而实现大型品牌企业全面以营销效果为导向的立体营销网络。

（10）自媒体营销：自媒体又称个人媒体或者公民媒体，自媒体平台包括个人博客、微博、微信、贴吧等。

（11）新媒体营销：新媒体营销是指利用新媒体平台进行营销的模式。在 Web2.0 带来巨大革新的年代，营销思维也带来巨大改变，突出了体验性、沟通性、差异性、创造性、关联性，互联网已经进入新媒体传播 2.0 时代，并且出现了网络杂志、博客、微博、微信、TAG、SNS、RSS、WIKI 等这些新兴的媒体。

## 二、开展婚礼服务产品网络营销

从 20 世纪末以来，信息技术获得了飞速的发展，互联网应用也越来越广泛，网络经济日渐抬头，电子商务的开展，逐步改变着经济和社会运作方式。它既让企业与企业之间的关系发生了改变，又使企业与顾客之间的关系有了微妙的变化，同时还影响了顾客的购买行为。因此，婚庆服务业应该牢牢地抓住互联网这个潜力巨大的市场，努力提高自己的网络营销水平，这样才能在网络经济时代下取得优势。

1. 婚礼服务产品网络营销渠道的选择

（1）开通大众点评和美团。新开一家公司最重要的是找一个能够沉淀自己口碑的第三方平台，因为我们的每一个订单都是基于客人对我们的信任，所以我们需要通过各种方式去证明自己是值得信任的，且这种方式越有公信力越能帮你证明。从目前来讲，大众点评和美团是不错的选择。现在这两个平台非常方便，都是一家，数据都是相通的。初期我们先去大众点评开通自己的店铺，暂时不用付费，而是邀请我们的客户去写真实评论。

（2）开通视频号塑造人设。随着公司逐渐经营，我们会非常认真对待每位客人，也会非常用心做好每场婚礼。这个时候如果在获客资源方面不一定特别有优势，怎么办？我们可以想尽一切办法提升自己的订单转化率，别人 10 个有效签 2 位客户，我们争取做到 10 个有效签 4 位客户。这时我们就需要一个能够让我们发声，且能传播的平台，还能塑造自我人设就更棒了。

微信视频号肯定是不二之选，视频号能够通过朋友圈传播，这能帮我们把信息传递给自己的微信用户，如果我们的内容对别人有价值且能与别人共鸣，还能激发微信好友点赞、收藏或留言，就能帮我们拓宽传播人群，让微信好友的朋友能看到。

这类短视频不一定是婚礼作品，可以以策划师、老板这类角色真实演绎自己作为婚礼人的工作和生活，这样才能在真实的镜头中塑造平凡向上且热爱婚礼的自我形象，这样很容易和更多人群共鸣。

（3）坚持用公众号传递价值。随着你的经营，公司在客户心中渐渐有了知名度，美团点评是公司获取流量和解决三方信任的重要平台，视频号是你花时间少但可以打造婚礼人人设非常好的平台，也是提高信任指数的工具。此时你需要一个全方位了解你公司的平台，公众号就满足了你的需求，你可以把公众号当作一个类似于淘宝、官网这类的窗口，案例可以放在里面，这是降低客人搜寻成本非常重要的方式。

微信公众号是新兴的传播媒体，其最大的优势就是内容已经包含了文字、图片、语音、视频，可谓是一应俱全，最大程度满足传播需求。

（4）社群是好婚庆公司的标配。当你公司发展到一定阶段了，每月逐步也能稳定出一些婚礼作品了，你也有不少老客户了，这个时候可以开始做社群。

社群是一把双刃剑，当你能做好婚礼服务产品的时候，社群可以帮你免费获得不少客户。反之，你做不好服务产品千万别做社群，这样会持续影响口碑和签单率。这里的社群就是微信群，你们将有婚礼需求的新娘或新郎都拉到这个群，让他们自由在群里交流婚礼筹备经验。

（5）小红书。微博曾经是众多商家网络获客的标配，也是“四大金刚”（司仪、摄像师、摄影师、化妆师的统称）扎堆宣传的地方。App 时代的流量就是注意力的收割，所以互联网 App 的产品就越来越重要，因为用户玩了小红书，真的就没时间玩微博。

想在小红书获客，必须搞懂小红书自身App产品的运营逻辑，小红书是根据你获取信息的偏好，为你推荐可能喜欢的内容，你会发现小红书给你推荐的都是过去浏览过同类型或同品牌的内容。这给我们婚庆公司做宣传最大的启发就是要用好的内容去吸引用户，也需要取好的标题，做好的文案。

（6）微博是人人可有的自媒体。不得不承认，现在微博用户的活跃度远远不及小红书了，但是从性别来讲，微博用户男生更多，女生更多转战到小红书了。这就给我们今后做微博提供了一定的思路，可以更多从理性角度出发。

微博就是沿用了百度和淘宝的产品逻辑，粉丝量是衡量你家微博账号比较重要的指标。重要的是微博适合一群人玩，才会有“关注”和“@”，@就是相互导流，相互成就，你真要做，就要主动约上婚庆相关所有人一起做，这样容易滚雪球。

微博还有一点，就是搜索，这就需要你懂得在自己的内容中植入可能会被用户搜索的关键词，以此增加自己在用户搜索中的曝光率。当然微博还有一个小意外，和微信打通了，可以分享到朋友圈或者分享给你的微信好友，这个应用场景也很有意思，也就是你可以将微博作为自己的“门户网站”，成为自己辅助订单的工具。

（7）小程序成为谈单利器。从交流场景来讲，现在基本上和新人进行沟通都是依赖于微信的文字、图片，还有语音，微信谈单就是我们当下非常重要的场景，之前有提到微博和公众号都可以当作一个“官网”使用。

但是从便利性来看，小程序将是更好协助销售微信交流的辅助工具，比如你和客人聊到案例的时候，你是可以直接将客人可能比较中意的案例页面分享给客人，如果这个小程序产品做得足够好，可以帮助用户更好地引导新人更深入了解你公司的其他案例，或者了解你公司的基本情况。

（8）官网是成熟公司的标配。这里的官网是指电脑访问的电脑网站，还有适配手机访问的手机网站，这两个网站其实是一个内容的网站，只是网站会根据不同的访问终端显示不同的页面。

（9）淘宝是全国品牌的战场。作为婚庆公司想做淘宝还是有门槛的，尤其是天猫。主要原因是婚庆公司受预算影响造成服务半径优先，所以能做淘宝的婚庆只有全国做加盟、连锁这类的公司，以及做海外婚礼、目的地婚礼的婚庆公司。

（10）抖音是全国品牌的现场。婚礼本来就是美好的、时尚的，比较适合短视频宣传。短视频也是现在年轻人业余打发时间的工具。日前抖音短视频占比年轻人市场的80%，针对年轻人人群宣传，可以直接同城视频宣传和搜索关键词视频宣传，具有针对性。1个抖音营销软件，每天工作量5000个点赞，3000个关注，2000个评论就能够吸粉1000个左右。

2. 婚礼服务产品网络营销优势

（1）提供了多途径的沟通渠道。对于客户关系的维护和沟通方面，服务性产品的要求会高于实体产品，婚庆产品的多样性和复杂性，诸如沟通技巧、信息量、及时性和产品知名度，都决定了维护好客户关系的难度，购买婚礼服务产品后，有一段需要消费者自行对产品逐步熟悉和了解的时间，并不断修正和加入自己想法的过程，也就是说从产品的销售开始，直至销售的后续和扩展的整个过程都需要客户服务工作来实现。

（2）有效地降低了成本。婚庆服务是一个发展迅速、紧跟潮流的行业，网络营销可以提供一个集合多种产品和服务的综合性服务平台，从而及时、动态地将产品信息展示给消费者。对应企业而言，在网络上建立一个产品的综合性平台，不是件困难的事情，搭建好平台以后，就会产生集群效应，引发关联消费，企业会因此降低成本，同时拓宽了市场，消费者也节约了时间和精力，实现双赢。这一特点也满足了婚庆前后时间紧、金钱紧的现状。“要面子”和“攀比”现象在我国婚庆消费中十分突出并根深蒂固，“力求体面”已经成为人们筹备婚礼时必须首要考虑的问题，并迫使几乎每一对新人不可避免地作出“从俗”的决定。因此，某个地区流行的婚礼庆典模式一旦建立，个人往往很难改变。但事实上，这种消费行为大多是被迫的，人们在内心深处还是渴望能够理性消费。且由于新人用于购房、装修、家具等支出在这一时间段非常集中，经济上往往并不宽裕，因此在不失体面的前提下，他们对婚庆消费一般持尽量节省的态度。

（3）实现婚庆服务产品个性化营销。现在越来越多的消费者追求个性化的婚庆服务产品。他们喜欢购买的婚庆服务产品中包含自己独特的创意，而非千篇一律，走大众化路线。从提供商角度，他们希望和消费者形成良好的互动，比如消费者会因企业的推荐而购买，同时也会将颇有价值的反馈即时告知供应商，以便企业可以创造出更有价值的产品。网络营销模式的出现，大量可定制的内容就可以通过电子邮件和电子杂志等方式迅速且有效地传递到细分的目标群体中，客服渠道同时可以迅速地收集消费者的需求和建议，从而可以有效地获取消费者的信息以便及时修正企业的产品，实现传统营销所追寻的“一对一”营销。

（4）提高客户忠诚度。婚庆服务产品本身的特点就决定了消费者之间有着强烈的交流欲望，他们都希望在彼此的交流中得到更多有助于自己采购婚庆服务用品的信息。而这些交流通常可以产生更多的需求，会让自下而上的非商业性社区或群体和由企业引导的商业性社区或群体的建设变得更加容易。在整个婚庆活动中，约 80% 的决定出自女性，即女性在婚庆决策中处于主导地位。因此，我们完全可以以女性为突破口，注重提供专业咨询、价格优势和个性化服务。这些优势通过网络都可以做到。因此，网络营销在一定程度上增加了客户忠诚度。

3. 婚礼服务产品网络营销的劣势

（1）缺乏规范的行业标准。许多不公平的竞争者因为不规范的行业环境得以生存，他们以低价的方式抢夺市场份额，破坏市场秩序，对消费者和供应商都造成了不信任感。网民可以匿名的方式随时参与网络，比较自由，但同样也造成了追溯以及责任人不易确认等方面的难度，因而为不公平的竞争者提供了便利。作为网络平台的搭建和监管者，企业一方面既要直接面对这些低成本运作的不公平竞争者，另一方面又要面对海量的信息加以管理和甄选，可想而知其难度和工作量。

（2）潜在竞争大。由于婚庆服务业本身发展时间短、行业规范不全，导致进入门槛低，服务性产品又缺乏专利保护，易模仿和抄袭。网络营销同样面对着这个问题。目前网络普及，信息发达，即便某家婚庆公司在网络营销方面效果显著，在短时间内也难以迅速给企业带来实质性的壁垒，竞争者可以非常便捷地了解到相关信息并加以模仿，由此导致潜在竞争较大。

4. 婚礼服务产品有效推广网络营销策略

开展婚礼服务产品网络营销，其策略在于降低成本，提高网络营销实效。

一是进行网络推广。网站推广的目的在于提高曝光率进而提升知名度，让更多的潜在客户在访问网站时加深对企业的了解和认识，从而达到企业利用网站向客户传递营销信息以便最终增加盈利的目的。现在关于网站推广的策略有很多，但企业应结合自身实际，拓宽视野，找出最适合企业发展的推广策略，而不应被现有的经验所束缚。不同的网站盈利点不同、目标用户不同，以及定位也不尽相同，只有正确分析自身的各种“属性”，才能选择更为有效的推广方式。同时网站推广要根据企业目标，制订网站推广阶段目标的计划，且要根据不同阶段的目标采用相应的推广方式，并有对于结果的控制和效果的评价等方案。

**图 6-8 网络营销策略：降低成本**

二是建立网络品牌。网络品牌是指个人或团体以国际互联网为基础，以电子商务为平台，以网络营销为手段而建立的具有可识别性的商品铭牌（牌号）或商标。相对于传统意义的品牌，网络品牌具有以下特点。第一，网络品牌可以综合表现网络营销的效果，从网站策划、网站建设到网站推广、顾客关系和在线销售，都体现着网络营销在建设网络品牌等方面的应用。第二，网络用户可以体现出网络品牌的价值。企业和消费者通过互联网建立起来的良好关系，可以体现出网络品牌的价值。第三，网络品牌是企业为用户提供信息和服务的综合体现。第四，网络品牌建设是一个长期的过程。网络营销是一项长期的营销策略，从这个角度讲，网络品牌建设也不能指望收到立竿见影的效果，不能用对网络营销效果的一些短期指标来评价和衡量网络品牌的建设。第五，网络品牌越来越具有个性化。网络品牌个性化是现如今企业竞争的核心所在，这也迎合了消费者日趋个性化的消费需求。

三是加强交流和信息的传递。信息发布需要的渠道资源，包括企业网站、搜索引擎、电子邮件、供求信息发布平台以及网络广告等，企业推广应掌握尽可能多的网络营销资源并充分了解它们的特点，以便尽可能地向更多的潜在客户传递有价值的信息，可以从充分挖掘内部资源、合理利用免费资源、广泛挖掘合作伙伴资源和选择合适的信息发布服务商等手段进行工作。

四是完善在线销售渠道。即使是线上渠道，也会和传统渠道一样，“得渠道者得天下”，在线渠道的建设一般有两种方式，自有销售网站和参与行业销售类的平台中。至于前者，多为大型企业才会实行而且企业要对上下游有极强的控制，所以对资金和技术投入的要求相当高；后者比较常见，比如当当网、卓越网、淘宝网等，企业要在平台上展示并销售自己的产品并不是太困难的事情，只需进行简单的操作即可，效果也会比较理想。

五是加强与其他营销渠道的结合。由于婚庆服务在目前还是一个新兴行业，尚未被广大消费者所认知，通过品牌传播和消费者引导等整合营销传播方式来大力培育市场是婚庆公司的首要任务。

我们可通过以下几种途径来实现这一目标。

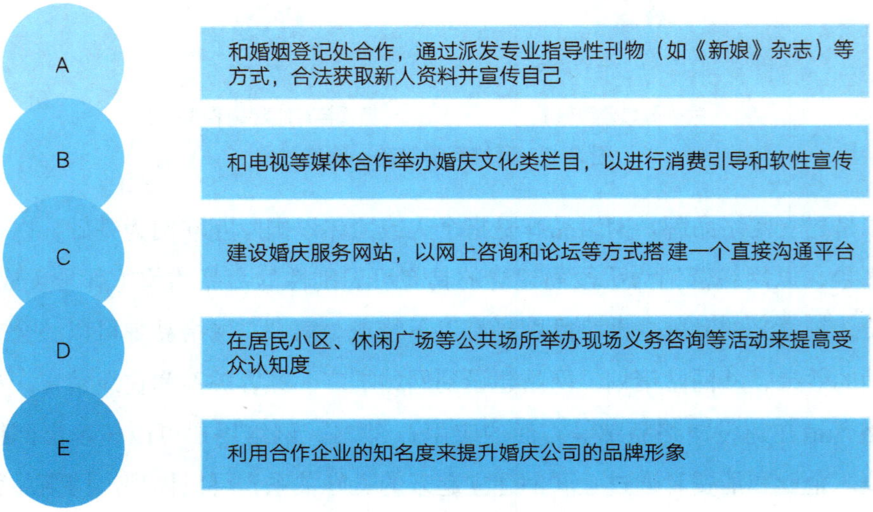


**图 6-9 整合营销传播方式途径**

网络营销归根结底可以理解为传统营销的组成部分之一，但其重要程度必然会随着时代的发展和网络的普及不断增加，适用的行业也将越来越多。婚庆服务业正处于一个飞速发展的过程中，涉及的产品和层面正在不断延伸和扩展，同时婚庆服务业的许多行业特性非常适合于网络营销的开展，相信两者之间的结合将越来越紧密。可以预见，在不久的将来会有更多的企业采用网络营销作为整体营销的一部分，应用面和应用程度也会增加，对婚庆服务业的网络营销策略有着重要的作用。

## 【任务导入】

从事婚礼策划 3 年后，小丽和朋友一起开办了一家婚庆工作室，主打个性化婚礼定制。目前工作室还没有太多的营销经费。如果你是小丽，请问你将如何应用互联网来推广你公司的产品？

## 【任务分析】

该任务旨在促进同学们熟悉常用网络营销推广策略，并能根据公司特点、行业实际等，选用恰当的方式进行网络营销。

## 【任务实施】

### 一、操作流程图

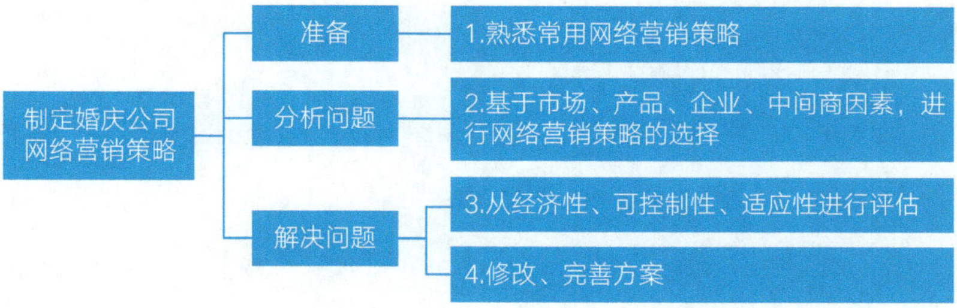


### 二、操作注意事项

1. 网络营销是一种新型的市场营销方式，在现代社会有着广泛的应用，但也要从经济性、可控制性、适应性进行评估。

2. 注意营销知识的融会贯通。

## 【任务工单】

<table>
<tr><td>任务名称</td><td>制定婚庆公司<br>网络营销策略</td><td>学时</td><td></td><td>培训对象</td><td></td></tr>
<tr><td>学生姓名</td><td></td><td>联系电话</td><td></td><td>任务成绩</td><td></td></tr>
<tr><td>任务设备</td><td></td><td>操作时间</td><td></td><td>操作地点</td><td></td></tr>
<tr><td>任务目的</td><td colspan="5">1. 熟悉婚庆服务产品网络营销推广方式<br>2. 能够根据实际情况选择有效的网络营销方式<br>3. 培养营销意识</td></tr>
<tr><td rowspan="3">任务实施</td><td>准备</td><td colspan="4">熟悉常用网络营销策略</td></tr>
<tr><td>分析问题</td><td colspan="4">基于市场、产品、企业、中间商因素，进行网络营销策略的选择</td></tr>
<tr><td>解决问题</td><td colspan="4">1. 从经济性、可控制性、适应性进行评估<br><br>2. 修改完善方案（网络营销方案定稿如写不下，可另附页完成）</td></tr>
<tr><td>教师评价</td><td colspan="5"></td></tr>
</table>

## 【思考实践】

婚庆企业开展网络营销，需要注意哪些问题？

7

# 项目七　实施婚礼服务产品促销策略

促销，本质上是一种通知、说服、沟通活动，是指企业通过人员推销或者非人员推销的方式，向顾客传递商品或服务的存在，以及该商品或服务的性能、特征等信息，帮助消费者认识商品或服务所带给自己的利益，从而引起消费者的兴趣，激发消费者的购买欲望、购买行为的活动。为让消费者知晓自己的产品，对自己的产品产生兴趣，并进一步引发购买行为，婚庆企业需要合理地使用促销组合。

## 【任务目标】

### 知识目标

1. 理解促销的含义和作用、影响因素。
2. 掌握促销的基本策略。
3. 熟悉广告、人员推销、营业推广、公共关系等促销手段。

### 能力目标

1. 能运用不同的促销手段对婚庆企业产品进行促销。
2. 能根据产品的特点和企业的需求，设计有效的促销手段。
3. 能根据企业和产品的现状，合理地调整促销手段。

### 素质目标

1. 在训练中能够合理地运用相关促销手段。
2. 能够设计出有效的促销手段。
3. 能够对已有的促销手段进行反思。

### 思政目标

能够为中国婚礼文化找到合适的促销宣传手段。在设计促销手段的过程中，要始终坚持社会主义核心价值观和正确健康的经营观，不能为了博眼球吸流量而“打擦边球”宣传，甚至出现违法虚假宣传。

# 任务一：设计婚礼服务产品广告

## 一、基本概念

1. 广告的含义与作用

广告是由明确的广告主（发布者）以公开付费的方式，对产品（服务）进行的非人员性的任何形式的介绍和推荐活动。

广告是传播市场商品信息的主要工具，是企业竞争的有力武器，能够吸引受众、宣传企业产品和品牌，能够引导消费、刺激消费甚至创造需求。广告也能够给人以美的享受，对人们起到教育教化的作用。

2. 广告的定位

广告活动的核心在于把所广告的产品放在什么位置。广告的定位就是指从众多的商品中寻找宣传商品的有竞争力的特点。具有独特个性、广告宣传能攻其一点，在消费者心目中就能树立该商品的一定地位。

3. 广告的媒体选择

选择广告媒体时主要考虑的因素包括：产品本身是否适合、消费者媒体习惯、产品的销售范围、广告媒体的知名度和影响力、广告主的经济承受能力（成本）。

广告的媒体包括：报纸、杂志、电视、广播、画册、户外媒体、电影、电子显示屏、邮件或信件、产品包装、销售点展示媒体、互联网（App\ 网页 \ 植入广告）等。

※ 思考：哪些媒体适合作为婚礼产品的广告投放媒体？

## 二、常用方法

1. 广告定位方法

第一步，确定广告目标：广告目标是指在一个特定时期内对特定的观众要完成的特定的宣传任务。例如在某年第二季度集中推销某个最新婚礼产品，使观众了解这一产品，并产生购买行为；或在婚博会举行的 7 天内，卖出某婚庆公司的婚博会特惠套餐，销量达到 ×× 套等。

第二步，确定广告对象。明确广告诉求的客体是谁，即谁是我们婚庆公司此次宣传推销的目标消费人群。

第三步，确定广告覆盖区域。主要指广告的覆盖范围，如某个地方、某个区域、全国、国际等。

第四步，确定广告覆盖方式。如一次性覆盖、全面覆盖、渐进覆盖、轮番覆盖等。

第五步，确定广告的概念和技巧。指广告所强调的产品、产品特点、传递信息的主题、技巧、具体传递步骤等。

第六步，确定广告的媒体。主要根据商品对听觉、视觉的要求和对文字、色彩、图案、视频的展现要求，以及传播效果的要求来决定。

2. 广告媒体的选择方法

（1）按目标市场选择媒体的方法。每一款产品都有它自身特定的目标市场。我们可以使用相关的调查方法，在目标市场已经明确后，围绕目标市场的喜好来进行广告媒体的选择。比如说，如果要以全国范围为目标市场，也就意味着是在全国范围内展开广告宣传，那就应该选择那些影响面广的全国性媒体。如果我们的产品是以特定细分市场为目标，则应该选择覆盖这一细分市场的相关媒体。

（2）按产品特性选择媒体的方法。应当根据产品的特性去慎重地选择广告媒体。比如规格结构较为复杂、技术性比较强的产品一般应当用大篇幅的文字和图片去介绍，那么纸质媒体就比较合适；色彩鲜艳并需要进行产品性能演示的产品，则最好是通过视频去展现。

（3）按产品消费者类型选择媒体的方法。一般说来，不同的产品有不同的、固定的消费者类型，因此，在选择广告媒体的时候，要首先确定自己面对的消费者层是谁，他们喜欢的、常接触的媒体又是什么。例如一种新型化妆品或者护肤品的广告，其使用对象是女性，主要购买者是青年女性。根据这一特性，就可以选择年轻女性最喜欢的传播媒体来发布该产品的广告。而婚庆类的产品往往做决定购买的消费者也是女性居多，所以从业者应该对女性喜欢的传播媒体多加留意。

（4）遵循记忆规律选择媒体的方法。人们在观看了广告之后，由于时间与空间限制的原因，一般不会听了广告就去立刻购买，而需隔一段时间之后才付诸购买行动。因此，广告应该遵循人们的记忆规律，在人们每次观看之后、遗忘之前，反复出现，不断加深与强化消费者对产品的记忆，并且对消费者的购买进行指引。所以，广告信息的媒体选择需要考虑媒体信息在消费者面前出现的连续性和反复性，以达到强化消费者对广告产品记忆的目的。

（5）按广告预算选择媒体的方法。每个广告主都有一定的广告投入预算，每个广告主的预算都不是无限制的。所以在选择媒体时需要按照广告主投入广告成本的额度进行。作为婚庆企业的宣传者来说，对广告媒体选择必须量力而行。广告主在推出广告前，必须对选择的媒体价格进行精确的测算：不能盲目选择超出自己预算能力范围的媒体，需要审慎地计算广告媒体的传播效果，对每一份广告支出的效果进行最大化的计划。

（6）按广告效果选择媒体的方法。一般说来，在选择媒体时应坚持这样的一个原则：投资少，效果好。比如，在平均阅读量为 10 万 + 的文字媒体上做广告，广告价格为 5000 元，经计算可知，广告主获得每个阅读量需要花 5 分钱，理论上来说也就是每获取一个阅读者需要花 5 分钱（实际上可能一个阅读者阅读这篇软文不止一次）。如果在接收此信息的 10 万人中，只有 10% 的人对这个广告作出反应（比如购买），广告主在每个有效受众（共计 1 万人）上花费就是 5 角钱。我们可以通过这种简单的数据计算，去预先比较不同的广告媒体的效果，从而进行选择。当然，现在的互联网媒体我们还应该去考虑受众的转发带来的扩散效果，以及同一内容在不同平台传播的聚合效果。

（7）根据企业或产品的现实需要选择媒体的方法。有的企业或产品，投放广告宣传是为了促进即时销量，但是有的企业或产品则是为了提高自身品牌的长远知名度，有的是为了提升美誉度或者抢占竞争市场，等等。像是全国性的、官方的传统媒体，在消费者心目中比较利于建立高大上的品牌形象，而一些直播媒体，则更容易促进企业即时销量。企业和产品的投放目标不同、现实需要不同，则选择的媒体也就不同。

## 三、案例

### 案例一：婚庆公司搜索引擎广告（SEA）

广告目标：让消费者在搜索相关关键词时第一眼就找到自己。

主要诉求点：展示本公司的主营业务。

广告优势：可以根据企业覆盖区域进行精准投放。

广告劣势：可能被消费者抵触，对企业的展示不够美观。

**图 7-1　婚庆公司搜索引擎广告**

（图片来源：百度搜索关键词“婚庆公司”截图）

**案例二：某婚纱旅拍公司交互式网幅广告（Banner）**

广告目标：全方位展示品牌，同时吸引消费者进行进一步询问和下订单。

主要诉求点：展示本公司的形象和业务。

广告优势：可以使用图片、文字、视频、购买链接等多种形式，且可以让消费者直达消费网店。

广告劣势：花费较贵，需制作精良。

**图 7-2　某婚纱旅拍公司交互式网幅广告界面截图**

（图片来源：百度搜索该公司名称关键词后显示的开屏网幅广告截图）

## 【任务导入】

某婚庆企业，新开发策划了两个系列的中式婚礼产品，有与现代结合的“国潮”系列，也有复古的“传统”系列。已经有部分消费者率先采用，效果和反响不错。

请为公司这两个系列的中式婚礼产品设计不同的广告（视觉文字或视频均可），并设计投放的时间、投放的媒体、投放方式等。

## 【任务分析】

### 一、主要解决的问题

1. 企业自身的问题：企业的实力宣传、企业的文化情怀宣传、企业的品牌形象在消费者心目中的打造。

2. 产品的问题：产品宣传。

3. 市场需求的问题：什么样的产品更符合市场的需求、消费者的需求。

### 二、制订方案

使用广告定位法，为企业制订具体的广告设计和投放方案。

### 三、主要训练目标

能够认识到广告宣传的重要性，认识到根据企业需求、市场需求、产品特点进行广告设计。

### 四、注意事项

1. 训练时需要考虑婚庆企业产品的特点。

2. 训练时还要考虑该企业要实现的目标，比如是促进短期销售，还是建立长期口碑；是要实现迅速购买，还是让消费者了解到一种新的婚礼消费方式。

## 【任务实施】

### 一、操作流程

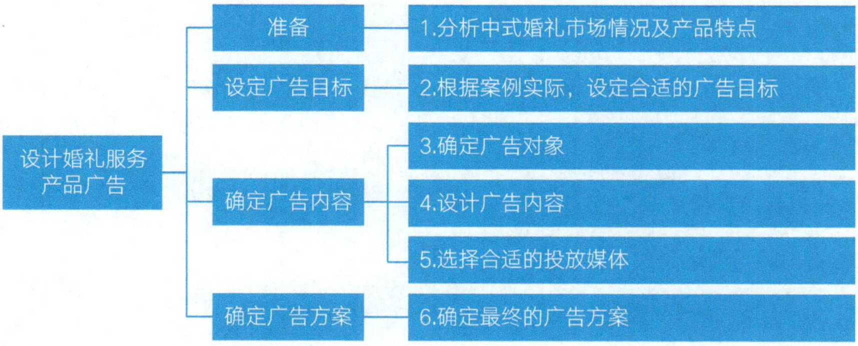

## 二、操作注意事项

1. 操作前熟悉市场上有代表性的“国潮”“传统”中式婚礼，了解产品情况。

2. 操作前熟悉婚庆企业常用的媒体，熟悉其特点和效果。

3. 操作前多研究市面上婚庆企业的广告，分析其特点、优点、缺失。

4. 训练过程中代入作为营销宣传人员的身份，设身处地地思考问题。

## 【任务工单】

（工单中写不下的部分可以另附纸完成，或者教师根据现实情况要求学生提交具体作品）

<table>
<tr><td>任务名称</td><td>设计婚礼服务产品广告</td><td>学时</td><td></td><td>培训对象</td><td></td></tr>
<tr><td>学生姓名</td><td></td><td>联系电话</td><td></td><td>任务成绩</td><td></td></tr>
<tr><td>任务设备</td><td></td><td>操作时间</td><td></td><td>操作地点</td><td></td></tr>
<tr><td>任务目的</td><td colspan="5">1. 掌握广告产品设计的要点<br>2. 能够提出较为完整的广告方案</td></tr>
<tr><td rowspan="4">任务实施</td><td>准备：分析中式婚礼资料、媒体，总结发现，补充假设，确定广告目标</td><td colspan="4">发现：<br>1.<br>2.<br>3.<br>4.<br>假设补充（如婚礼的特点、卖点等）：<br>1.<br>2.<br>3.<br>4.<br>确定广告目标：</td></tr>
<tr><td>广告内容：<br>文字、视觉、视频等设计（可以用文字描述内容思路，也可以是具体的作品）</td><td colspan="4">1.“国潮”婚礼系列广告<br><br>2.“传统”婚礼系列广告</td></tr>
<tr><td>广告投放方案</td><td colspan="4">1. 投放媒体：<br>2. 投放时间：<br>3. 覆盖地区：<br>4. 覆盖方式：</td></tr>
<tr><td>建议与反思</td><td colspan="4">1.<br>2.<br>3.<br>4.</td></tr>
<tr><td>教师评价</td><td colspan="5"></td></tr>
</table>

## 【思考实践】

1. 如何针对婚庆企业和婚礼产品的特点，设计出合理的广告？
2. 如何在宣传产品的同时，巧妙地融入关于企业品牌形象的内容？
3. 如何才能够提升广告的实际效果？

# 任务二：开展人员推销

## 一、基本概念

1. 人员推销

是指企业通过派出推销人员与一个或一个以上可能成为购买者的人交谈，作口头陈述，以推销商品，促进和扩大销售。

2. 推销人员的任务

第一，探寻市场，推销人员应该寻求机会，发现潜在的顾客，创造需求，开拓新的市场；第二，传递信息，推销人员要及时向消费者传递产品和劳务信息，为消费者提供购买决策的参考资料；第三，销售产品，推销人员在推销过程中还要收集用户意见，反馈信息；第四，推销人员要开展售前、售中、售后服务。

## 二、常用方法

1. 人员推销话术：提问引导法

就是先陈述一个事实，然后再针对这个事实发问，让对方给出相应信息。确实以提问的方式引导客户可以起到让对方易于接受的作用。

（1）肯定性诱导提问。首先，常使用正面用语，如“我们的婚礼产品真的受欢迎”。其次，诱导，如“不知道您是喜欢传统一点的，还是新潮一点的？”最后，提出主要的问题，“不知道您具体要了解什么方面？”“您打算什么时候办婚礼？”“要不要看看我们的详细资料？”等。

（2）与类似问题相比较。比如，“市面上的婚礼产品都是价格不等的。就像是一个化妆品牌，它的水、乳、霜价格也不同，对吧？不同品牌的产品，价格有更多差异。主要还是看婚礼企业本身的策划力和执行力，我们公司……”。

（3）拆分式提问，化繁为简。如客户仍在犹豫不愿意下单，此时应当多提出简单的问题，引导客户说出真实想法，以便找到解决方案。比如提问：“您是不是认为现在没有必要买？如果是付款方面的问题，我们有配合您的方案。”“价格方面是否有什么不满意呢？”“关于我的说明您有没有不懂的地方呢？”“您是觉得目前这些产品方案还不是很喜欢吗？我们有更多产品。”通过提问可以逐步了解消费者心中所想。即使消费者暂时拒绝，也可以态度良好，邀请他关注微信号等，以便跟进交流。

2. 人员推销步骤：心理状态推销法

人员可以根据消费者所处的不同心理状态阶段，确定自己的销售任务，有效地进行推销。

表 7-1 心理状态销售法

| 心理状态 | 销售步骤 | 销售任务 |
|---|---|---|
| 好奇 | 引起注意 | 接近顾客使其感到愉快，顾客对销售人员有好感 |
| 兴趣 | 引起兴趣 | 面对面交流，了解顾客需求，激发兴趣 |
| 欲望 | 给予欲望 | 解决：产品有什么能满足顾客需要<br>解决：产品能适合顾客使用吗<br>解决：产品的价格和价值适合顾客<br>解决：产品有什么独特的利益或优势<br>……<br>推荐适合顾客的产品或者服务，调动顾客欲望 |
| 信心 | 建立信心 | 消除顾客疑虑（解答疑问） |
| 行动 | 完成交易 | 选择交易形式 |

## 三、注意事项

第一，销售人员要逻辑严密，顾客的提问容易使谈话偏离主题，应当在适当的时候拉回话题。

第二，销售人员必须注意倾听，注意判断顾客的心理状态，不能一味地以己为主。

第三，销售人员要注意自己的仪表、语气、体态，给人留下好印象。

## 【任务导入】

某婚庆企业，新开发策划了两个系列的中式婚礼产品，有与现代结合的“国潮”系列，也有复古的“传统”系列。已经有部分消费者率先采用，效果和反响不错。

现在是某城市婚博会期间，正好该婚庆企业来到婚博会设置了一个展位。作为企业的销售人员，你要向前来咨询的潜在顾客主推这两个系列的产品。

请按照顾客心理状态，分步骤设计整套销售话术。进行模拟演练。

## 【任务分析】

### 一、主要解决的问题

实现即时销售：能够在婚博会这类特定的面对面情境下，推销出企业的产品。

### 二、制订方案

根据产品情况、企业情况，为企业制订具体的推销话术方案。

### 三、主要训练目标

能够根据产品和企业的情况进行有针对性的销售活动。提升语言表达能力、应变能力。

## 【任务实施】

### 一、操作流程

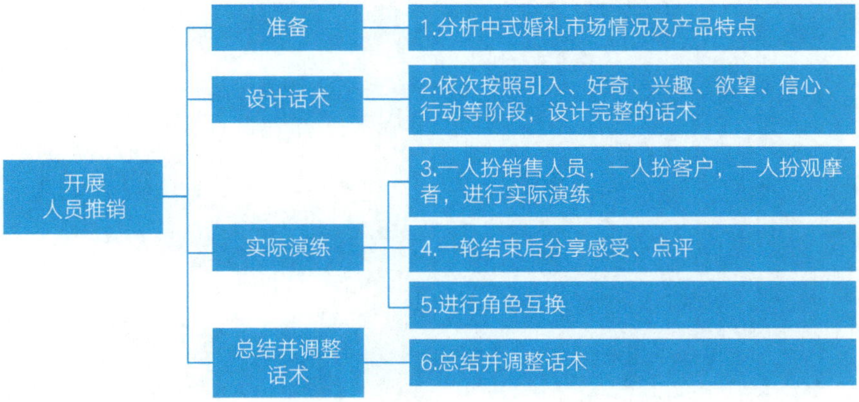


### 二、操作注意事项

1. 操作前熟悉市场上有代表性的“国潮”“传统”中式婚礼，了解产品和市场情况。

2. 操作前要提出详尽的婚庆企业假设和产品假设。

3. 操作前要查询并记住常用的销售话术，以及销售人员要注重的外表、体态、体语要点。

## 【任务工单】

（工单中写不下的部分可以另附纸完成，人员推销的演练可以通过课堂现场展示、视频展示来进行验收）

<table>
<tr><td>任务名称</td><td>开展人员推销</td><td>学时</td><td></td><td>培训对象</td><td></td></tr>
<tr><td>学生姓名</td><td></td><td>联系电话</td><td></td><td>任务成绩</td><td></td></tr>
<tr><td>任务设备</td><td></td><td>操作时间</td><td></td><td>操作地点</td><td></td></tr>
<tr><td>任务目的</td><td colspan="5">1. 掌握人员推销的方法<br>2. 能对企业产品进行有效的推销，锻炼自己的推销技能<br>3. 能够及时总结经验</td></tr>
<tr><td rowspan="4">任务实施</td><td>准备：分析中式婚礼市场情况及产品特点，总结要点</td><td colspan="4">1.<br>2.<br>3.<br>4.</td></tr>
<tr><td>话术</td><td colspan="4">引入：<br>好奇阶段：<br>兴趣阶段：<br>欲望阶段：<br>信心阶段：<br>行动阶段：</td></tr>
<tr><td>模拟演练情况摘要</td><td colspan="4">1.<br>2.<br>3.</td></tr>
<tr><td>话术修改建议：</td><td colspan="4"></td></tr>
<tr><td>教师评价</td><td colspan="5"></td></tr>
</table>

## 【任务反思】

1. 实际操作过程中，遇到话术准备之外的问题，我们应该怎么办？

2. 当客户确定购买产品时，有哪些敲定订单的方式？

# 任务三：策划营业推广活动

## 一、基本概念

1. 营业推广

是指那些不同于人员推销、广告和公共关系的销售活动，它旨在激发消费者购买和提高经销商的效率。如陈列、展出、展览、表演，以及许多非常规的、非经常性的销售尝试。

2. 针对消费者的营业推广手段

针对消费者的营业推广手段主要有赠送样品、发放优惠券、推出不同的产品或优惠套装、奖励奖品、现场示范、组织展销等。

## 二、常用方法

营业推广实施方法：

第一，确定营业推广的目标。比如鼓励消费者购买，争取潜在消费者试用，吸引消费者关注企业品牌，等等。

第二，选择营业推广工具。在针对消费者的营业推广手段中选择合适的进行灵活运用。

第三，制订营业推广方案。包括推广的主题、推广的费用预算、目标参加者是谁、营业推广的时间、营业推广的地点、营业推广的方式、营业推广的主要手段、工作人员的分工配合等。

第四，实施和控制营业推广方案。包括前期准备、方案实施、实施后对消费者进行进一步维护巩固（如确定婚礼产品销售并交订金等）。

第五，评价营业推广结果。一般是从销售情况、企业名气提高程度、活动影响力方面来进行评价。

## 三、案例

案例：南郊宾馆婚礼开放日体验活动。

活动目标：宣传南郊宾馆的婚庆特色和婚礼定制“一站式”的品牌特色，提高宾馆的知名度和婚礼成交量。

活动作用：让新人在真实的婚礼场景体验中，提升对南郊宾馆的品牌好感，加强新人的合作意向。

### “让婚礼回归自然”南郊宾馆开放日

活动时间：10 月 1—7 日

活动内容：

1. 观光车游览：游遍玉带河、七星湖自然美景，参观各婚礼场地实景布置，感受不同婚礼。

2. 亲身体验：感受国庆期间户外、室内 40 余场不同形式的婚礼，了解婚礼仪式全过程，专业婚礼顾问一对一咨询服务。

3. 休闲品鉴：张裕红酒、金沙白酒、山楂树下等品牌酒水及高端伴手礼。

4. 参观享优惠：以各婚宴餐厅为主，了解婚宴设计及婚宴菜品，享受订餐礼惠。

5. 转发集赞有礼：关注“南郊宾馆婚礼定制”公众号，朋友圈转发活动海报，连续 7 天，集赞累计超过 500 个，将获得价值 3000 元婚礼场地券等优惠。

6. 摄影转发有礼：拍摄国庆期间任一场婚礼，转发图片及现场印有“南郊宾馆婚礼定制”二维码的指示牌不少于 3 天，可领取礼品。

活动地点：分别为南郊宾馆玉带河、七星湖、六号楼垂钓园、九龙桥、俱西森系草坪等，参观体验时间为 10：30—12：00。

案例素材来源：《齐鲁晚报》旗下“齐鲁壹点”官方账号. 双节期间，南郊宾馆“让婚礼回归自然”开放日体验活动精彩纷呈［EB/OL］. https：//baijiahao.baidu.com/s?id=1679265319817463349&wfr=spider&for=pc，2020 年 9 月 30 日 .

## 四、注意事项

一是营业推广要符合企业整体的经营目标，注意整体性规划，不能为了某一次推广活动的效果而透支企业的资源或声誉。

二是注意营业推广的可操作性，注重真实诚信，不胡乱承诺、吹嘘优惠或者欺骗消费者。

## 【任务导入】

某婚庆企业，新开发策划了两个系列的中式婚礼服务产品，有与现代结合的“国潮”系列，也有复古的“传统”系列。已经有部分消费者率先采用，效果和反响不错。

现在是某城市婚博会期间，正好该婚庆企业来到婚博会，争取到了一个在婚博会主舞台展演讲解婚礼服务产品的活动机会，时长为一个小时。

请初步策划一下这个营业推广活动，根据活动的需求和目标设计相应的环节和手段。

## 【任务分析】

### 一、主要解决的问题

1. 帮助企业宣传新产品。
2. 促成现场的签单下订。
3. 展示企业形象，让更多潜在客户了解企业的品质与实力。

### 二、制订方案

根据对企业和产品分析的结果，为企业制订具体的产品宣传推广活动方案。

### 三、主要训练目标

能够掌握营业推广的方法，制订出适合营业推广目标的方案。

## 【任务实施】

### 一、操作流程

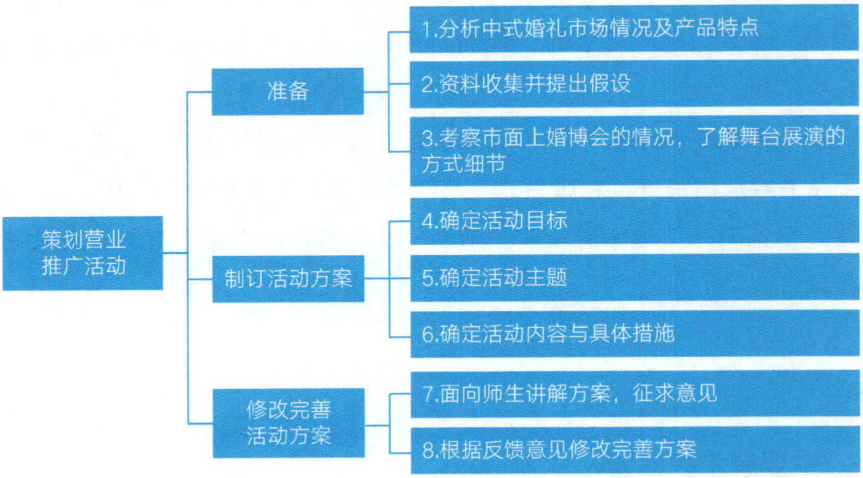


### 二、操作注意事项

1. 操作前熟悉市场上有代表性的“国潮”“传统”中式婚礼，了解产品和市场情况。

2. 操作前要提出详尽的婚庆企业假设和产品假设。

3. 操作前要了解婚博会的展演情况，设计切实可行的推广手段。

## 【任务工单】

（工单中写不下的部分可以另附纸完成）

<table>
<tr><td>任务名称</td><td>策划营业推广活动</td><td>学时</td><td></td><td>培训对象</td><td></td></tr>
<tr><td>学生姓名</td><td></td><td>联系电话</td><td></td><td>任务成绩</td><td></td></tr>
<tr><td>任务设备</td><td></td><td>操作时间</td><td></td><td>操作地点</td><td></td></tr>
<tr><td>任务目的</td><td colspan="5">1. 掌握营业推广的内涵<br>2. 掌握并熟练运用营业推广的手段<br>3. 能够根据不同的营业目标，设计合理的营业推广活动</td></tr>
<tr><td rowspan="4">任务实施</td><td>准备：资料收集并提出假设</td><td colspan="4">1. 中式婚礼市场分析摘要<br>2. 婚博会展演分析情况摘要<br>3. 婚庆企业假设<br>4. 产品假设</td></tr>
<tr><td>制订活动方案</td><td colspan="4">1. 目标：<br>2. 主题：<br>3. 方案：</td></tr>
<tr><td>方案演讲情况小结</td><td colspan="4">1.<br>2.<br>3.</td></tr>
<tr><td>修改结果</td><td colspan="4"></td></tr>
<tr><td>教师评价</td><td colspan="5"></td></tr>
</table>

## 【任务反思】

1. 当婚博会对活动的规模和手段有限制时，如何以创新又合规的形式吸引现场消费者？

2. 在活动引入订单后，我们应该怎样跟进和巩固？

# 任务四：运用公共关系

## 一、基本概念

1. 公共关系

是指某个组织（比如婚庆企业），为了改善与社会公众的关系，促进公众对组织的认识、理解与支持，达到树立良好组织形象、促进商品销售目的的一系列活动。它的本义是组织必须与其周围的各种内部、外部公众建立良好的关系。

2. 公共关系的对象及作用

公共关系的对象很广，包括消费者、新闻媒体、政府、业务伙伴等。公共关系被用来促进品牌关系、产品人员关系、地点关系、活动关系各种组织机构的关系甚至国家的关系。公共关系可以吸引公众的注意力，也可以抵消留在公众头脑里的坏印象。

3. 公共关系的原则

首先要以诚取信，不能欺骗或者吹嘘；其次要将公众利益和企业利益进行协调。

4. 公共关系的方法

如发布新闻稿件、周年庆祝活动、艺术展览会、拍卖会、义演晚会、慈善捐赠、聚会、舞会等。

## 二、常用方法

1. 分析企业形象现状及成因

在公关策划之前，对企业整体的形象现状进行诊断和分析，找到企业现在形象有哪些需要改进、有哪些需要优化、有哪些需要向公众强调，从而有效地确定公关的目标和接下来需要使用的方式方法。

2. 确定活动目标

公关活动的具体目标必须要服从于树立企业形象这一总体目标。在策划时，公关活动目标应明确、具体，可以是指向某个企业的产品，也可以是指向企业整体的品牌形象，而且一定要具有可执行性。

3. 设计主题

公关活动的主题会对整个公关活动起指导作用。一个好的主题能够吸引消费者的目光，起到引领带动的作用。主题的设计可以巧妙跟随当前的社会热点，也可以找到一个完全创新让人意想不到的点——这两种都能够有效吸引眼球。当然，主题还可以对企业已有的活动或者设计进行概念提升，起到提升品牌的作用。

4. 进行活动详细策划

根据主题，进行详细策划，包括活动举办的时间、地点、目标人群、活动内容、活动具体执行步骤、活动所用物料、活动预算、活动预期效果等。

5. 合理设计有效的活动宣传

包括设计宣传的媒体、宣传的要点、宣传的内容、宣传的步骤、宣传的范围、宣传的预算、宣传的预期效果等。

表 7-2　企业公关活动宣传稿件应当具备的条件

| 方向 | 条件 |
| --- | --- |
| 企业 | 方向明确，能够实现企业所设定的公共关系目标 |
| 内容 | 主题明确<br>文中企业角色定位合理<br>文章写法、文风符合媒体的调性且符合该媒体受众的阅读习惯<br>标题能够吸引人点击，自带流量<br>文章篇幅适当<br>观点逻辑鲜明能够自圆其说 |
| 媒体 | 媒体的受众与企业的目标消费人群一致<br>选择发文风格和内容都适合的媒体<br>媒体的传播效果能够达到企业的预期 |
| 受众 | 契合受众的需要和价值观<br>符合受众的阅读习惯 |

## 三、案例

案例：三亚目的地婚博会活动公关宣传稿件。

稿件目标：宣传该婚博会。

公关作用：强调该婚博会为三亚旅游产业融合发展作出的贡献，提升婚博会形象，争取政府政策支持和外界支持，吸引合作。

### 三亚目的地婚博会开幕 促进“旅游＋婚庆”产业融合发展

12 月 22 日，2020 三亚目的地婚礼博览会在三亚开幕。来自全国近 20 个省份的婚庆行业专家学者、知名企业代表等共 500 余人会聚三亚，共同开启一场浪漫的婚庆产业盛典。

本届婚博会设置了开幕式、展览展销、2020CWIC 中国结婚产业年会、2020 全国新娘顾问大赛总决赛、2020 中国结婚“金标奖”等主题活动，既为广大市民游客提供了丰富的婚庆旅游产品，也为国内婚庆产业界人士搭建了交流与合作平台。

开幕式后，2020CWIC 中国结婚产业年会随之举行。会议以“拥抱同窗，融合发展”为主题，吸引全国各地的婚礼礼堂、宴会酒店、婚礼策划机构等单位的管理人员，以及婚礼顾问、管家等专业人士到场交流，围绕婚庆产业发展趋势、婚嫁平台大数据分析等话题进行分享，为推动海南婚庆旅游产业链升级建言献策。

2020 全国新娘顾问大赛总决赛也吸引了众多行业人士前来观看。从全国各地脱颖而出的 60 名销售精英和管家服务精英以“三亚目的地婚礼”为场景选题，通过销售情景模拟、现场应变问答等形式进行终极较量。据介绍，首次举办的全国新娘顾问大赛，是三亚婚博会与“结婚产业观察”联合举办的一场集技能竞技、学习提升于一体的专业级赛事。

据了解，三亚目的地婚礼博览会自 2013 年至今已成功举办 7 年，成为三亚标志性的婚庆旅游节庆活动。本届婚博会将紧紧围绕海南自由贸易港建设要求，通过丰富多元的活动，充分整合婚庆旅游资源，实现行业高效联动，为促进“旅游＋婚庆”产业融合发展和推进海南自由贸易港建设作出新贡献。

## 四、注意事项

第一，做好公共关系没有捷径，必须多看、多学、多积累。

第二，公关稿带有很强的企业宣传目的性，要注意结合企业自己的内容和大众关心的点，注重符合正确的价值观，不能够“自我陶醉”。

## 【任务导入】

某婚庆企业，为了顺应国家提倡“文化自信”的大潮，新开发了一系列中式婚礼产品。

在本届婚博会上，该企业进行了中式婚礼产品的展演活动（结合本项目任务三）。

请根据以上情况，为该婚庆企业拟定宣传的要点，并尝试撰写一篇公关稿件。

## 【任务分析】

### 一、主要解决的问题

1. 为企业树立良好的、有责任心的社会形象。

2. 宣传企业为传承中华文化作出的努力，同时也要对企业本身的品牌和产品进行宣传。

### 二、制订方案

根据具体的任务情况，为企业拟定具体的公关宣传要点并尝试撰写稿件。

### 三、主要训练目标

能够认识到企业公关关系的重要性。必须将社会的需要和企业的诉求结合起来，才能够增强企业的影响力。

## 【任务实施】

### 一、操作流程

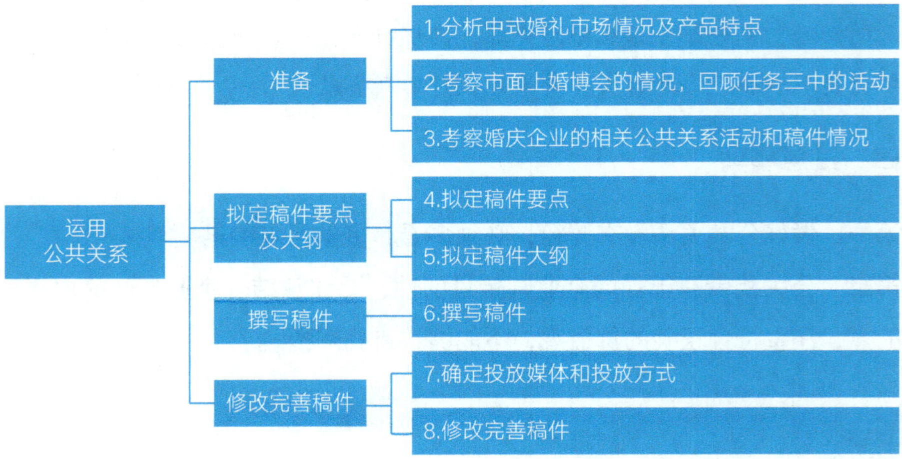


### 二、操作注意事项

1. 操作前熟悉市场上有代表性的“国潮”“传统”中式婚礼，了解产品和市场情况。

2. 操作前要提出详尽的婚庆企业假设、产品假设、活动假设。

3. 操作前要了解社会和大众对于传统文化传承的观感，找到社会责任和企业产品的结合点。

## 【任务工单】

（工单中写不下的部分可以另附纸完成）

<table>
<tr><td>任务名称</td><td>运用公共关系</td><td>学时</td><td></td><td>培训对象</td><td></td></tr>
<tr><td>学生姓名</td><td></td><td>联系电话</td><td></td><td>任务成绩</td><td></td></tr>
<tr><td>任务设备</td><td></td><td>操作时间</td><td></td><td>操作地点</td><td></td></tr>
<tr><td>任务目的</td><td colspan="5">1. 掌握公共关系的内涵<br>2. 能找到社会责任和企业产品的结合点<br>3. 能够根据活动情况，为企业设计合理的公共关系宣传</td></tr>
<tr><td rowspan="4">任务实施</td><td>准备：资料收集并提出假设</td><td colspan="4">1. 中式婚礼市场分析摘要<br>2. 婚庆企业假设、产品假设、活动假设摘要<br>3. 社会对中华文化传承的看法分析摘要</td></tr>
<tr><td>宣传要点及稿件大纲</td><td colspan="4">1. 宣传要点<br>2. 稿件大纲</td></tr>
<tr><td>稿件</td><td colspan="4"></td></tr>
<tr><td>建议</td><td colspan="4">1. 投放媒体建议<br>2. 投放方式建议<br>3. 修改建议</td></tr>
<tr><td>教师评价</td><td colspan="5"></td></tr>
</table>

## 【思考实践】

1. 如何将企业的“好声誉”转化为实际的销售动力？

2. 如果结合本章节的任务一、任务二、任务三进行思考，我们的宣传稿件是否有需要调整的地方？

8

# 项目八　管理婚礼服务产品营销

在前面的学习中，我们可以看到，婚礼服务产品营销的内容涉及广泛，牵涉多个部门，具有综合性、复杂性的特点。因此，如何有效管理婚礼服务产品营销，对于企业来说显得尤为重要。

在婚庆行业调研中，我们了解到，营销计划的制订是企业关注的一个重点。“凡事预则立，不预则废。”如何根据市场和企业实际制订恰当的营销计划，密切关系到企业的盈利与发展。此外，服务过程中或者结束后客户的投诉也是企业经常会面临的问题。对于有着最佳服务意识的企业乃至世界级的服务系统来说，服务失误都在所难免。如何在失误发生后进行有效的服务补救，并通过提高补救水平来维护客户满意和忠诚，维护企业形象，这既体现了服务企业应对失误和失败的能力，也是服务企业提高竞争能力、保持竞争优势的重要举措。因此，本项目我们将重点就制订营销计划和如何有效应对服务失败进行学习。

## 【任务目标】

### 知识目标

1. 理解营销计划的作用、含义、特点和写法。
2. 理解服务失败的概念与原因。
3. 理解顾客对服务失败的行为反应类型。
4. 了解顾客抱怨和不抱怨的原因。
5. 掌握服务补救策略。

### 能力目标

1. 能够结合实际初步拟订营销计划，进行营销活动策划。
2. 能够恰当运用相应策略进行服务补救。

### 素质目标

1. 树立营销意识。
2. 培养专业自信。

### 思政目标

1. 培养良好的社会责任感。
2. 培养敬业、诚信、友善的品质。
3. 培养大局观念以及团结友爱的合作精神。

# 任务一：编制营销计划

## 一、营销计划的含义

“凡事预则立，不预则废。”计划是管理的一项重要职能，任何组织中的各项管理活动都离不开计划。通过计划，组织将在一定时期内的活动任务分解给其中的每个部门、环节和个人，从而不仅为这些部门、环节和个人在该时期的工作提供了具体的依据，还为实现组织目标提供了保证。计划类文书在工作中起到了动员和组织、领导和指导、督查和考核的重要作用，是促进我们主动工作、提高工作效率的重要法宝。

相应地，企业营销计划是指在对企业市场营销环境进行调研分析的基础上，制定企业及各业务单位的对营销目标以及实现这一目标所采取的策略、措施和步骤的明确规定和详细说明。

## 二、营销计划的作用

1. 详细说明了预期的经济效益

通过对预期的经济效益的详细说明，有关部门和企业最高管理者就可预计到现在规定的计划期末本企业的发展状况，既可减少经营的盲目性，又可使企业有明确的发展目标，以便在整个计划执行期中根据预期的目标，不断调整行动方案，采取相应措施，力争达到预期目标。

2. 确定了实现计划活动所需的资源

计划中会确定实现计划活动所需的各种资源，从而企业就可事先测知这些资源的需要量，并据此判断企业所要承担的成本，从而有利于进一步精打细算，节约开支。

3. 描述了将要执行和采取的任务和行动

通过明确将要执行和采取的任务和行动，企业便可明确规定各有关人员的职责，使他们有目标、有步骤地去争取完成或超额完成自己被委派的任务。

4. 促进企业有效控制自身的各种营销活动

由于营销计划有助于监测各种营销活动的行动和效果，这样就使企业能够有效控制本身的各种营销活动，协调各部门各环节的关系，更顺利而卓有成效地完成企业的各项任务和目标，使企业进一步获得巩固和发展。

总之，营销计划对任何营销商来说，都是至关重要和不容忽视的基本计划，只有根据这种详细阐明企业营销活动的计划，企业营销规划的目标才能实现。

## 三、营销计划的特点

营销计划作为计划的一种，具有计划的以下特点。

1. 目标的预见性

营销计划是按照上级要求并结合自身的实际，在工作尚未开展前作出的安排，具有鲜明的预设性特点，即在对主客观条件进行深入分析的基础上，预先设定未来一定时期本单位、本部门的工作目标，明确“要做到什么程度”“取得什么成效”“有什么要求”等。

2. 措施的可行性

任何计划都必须有保障目标完成的具体措施和实际步骤。各项措施与步骤均应符合实际，便于操作，切实可行。只有措施落实了，各项工作按计划进度分步骤正常开展了，目标的实现才有可靠的支撑。那种只确定目标而缺乏可行措施的计划，是根本无法完成的，只不过是一场假大空的文字游戏而已。

3. 执行的约束性

营销计划是企业内部执行的公用事务文书，在行文范围内具有明确的约束力，对工作有领导或指导的作用，对业绩有考核奖惩的功能。因此，有关部门和人员必须遵照执行，非经发文者同意，不能作原则性的调整或变更。

## 四、营销计划的种类

根据不同的角度，可将营销计划分成很多类：

按计划时间的长短分类，可分为长期工作计划、中期工作计划和短期工作计划；也可分为年度工作计划、季度工作计划、月工作计划和周工作计划。

按计划涉及的范围分类，可分为：总体营销计划和专项营销计划。总体营销计划是企业营销活动的全面、综合性计划；专项营销计划是针对某一产品或特殊问题而制订的计划，如品牌计划、渠道计划、促销计划、定价计划等。

按计划的程度分类，可分为：战略计划、策略计划和作业计划。战略计划是指对企业将在未来市场占有的地位及采取的措施所作的策划；策略计划是对营销活动某一方面所作的策划；作业计划是指各项营销活动的具体执行性计划，如一项促销活动，需要对活动的目的、时间、地点、活动方式、费用预算等作策划。

按形式分类，可分为条文式工作计划、表格式工作计划、条文与表格结合式工作计划。

## 五、营销计划的内容

1. 计划概要

是对主要营销目标和措施的简短摘要，目的是使高层主管迅速了解该计划的主要内容，抓住计划的要点。

2. 营销状况分析

主要提供与市场、产品、竞争、分销以及宏观环境因素有关的背景资料。

3. 机会与风险分析

通过 SWOT 分析，确定企业在计划中所必须注意的问题。

4. 拟定营销目标

拟定营销目标是企业营销计划的核心内容，在市场分析基础上对营销目标作出决策。计划应建立财务目标和营销目标，目标要用数量化指标表达出来，要注意目标的实际性和合理性，并具有一定的开拓性。①财务目标，即确定每一个战略业务单位的财务报酬目标，包括投资报酬率、利润率、利润额等指标。②营销目标。财务目标必须转化为营销目标。营销目标可以由以下指标构成，如销售收入、销售增长率、销售量、市场份额、品牌知名度、分销范围等。

5. 营销策略

拟定企业将采用的营销策略，包括目标市场选择和市场定位、营销组合策略等。即明确企业营销的目标市场是什么市场，如何进行市场定位，确定何种市场形象；企业拟采用什么样的产品、渠道、定价和促销策略。

6. 行动方案

对各种营销策略的实施制订详细的行动方案，即阐述以下问题：将做什么？何时开始？何时完成？谁来做？成本是多少？整个行动计划可以列表加以说明，表中具体说明每一时期应执行和完成的活动时间安排、任务要求和费用开支等，使整个营销策略落实于行动，并能循序渐进地贯彻执行。

7. 营销预算

营销预算即开列一张实质性的预计损益表，在收益的一方要说明预计的销售量及平均实现价格，预计出销售收入总额；在支出的一方说明生产成本、实体分销成本和营销费用，以及再细分的明细支出，预计出支出总额。最后得出预计利润，即收入和支出的差额。企业的业务单位编制出营销预算后，送上层主管审批。经批准后，该预算就是材料采购、生产调度、劳动人事以及各项营销活动的依据。

8. 营销控制

对营销计划执行进行检查和控制，用以监督计划的进程。为便于督促检查，具体做法是将计划规定的营销目标和预算按月或季分别制定，营销主管每期都要审查营销各部门的业务实绩，检查是否完成了预期的营销目标，凡未完成计划的部门，应分析问题与原因，并提出改进措施，以争取实现预期目标，使企业营销计划的目标任务都能落实。

可以看得出来，营销计划的制订，涉及我们前面所学的所有内容，需要同学们融会贯通。

## 六、营销计划的编制

1. 编制的原则

（1）以消费需求为中心，以企业的总体经营目标为基本出发点。

（2）充分考虑企业的内外部环境，在综合平衡的基础上，做到切实可行、灵活调整。

（3）计划的行动方案要明确、具体。

2. 编制的步骤

营销计划的编制一般包括以下步骤：

（1）分析现状，做到知己知彼，为编制计划做好充分准备。

（2）确定目标，为具体活动程序指明方向。

（3）编制计划草案，交由有关部门讨论。

（4）在讨论的基础上，修改计划草案。

（5）编制正式计划，组织企业内部执行。

## 【任务导入】

请以小组为单位，选定一家婚庆企业，根据前期所了解到的情况，编制该企业在新一年度的营销计划。

## 【任务分析】

该任务旨在让同学们对婚礼服务产品营销所学内容进行复习总结，能够初步编制企业营销计划。

## 【任务实施】

### 一、操作流程图

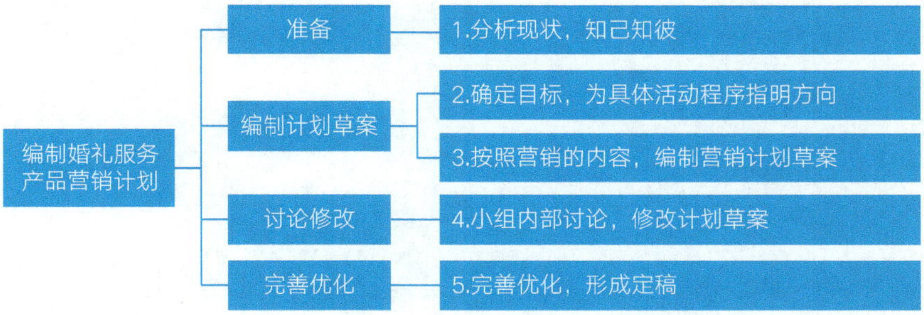


### 二、操作注意事项

1. 以消费需求为中心，以企业的总体经营目标为基本出发点。
2. 充分考虑企业的内外部环境，考虑可操作性。

## 【任务工单】

（教师根据实际情况，要求学生附上最终完成的营销计划纸质版或将电子版提交到指定位置）

| | | | | | |
|---|---|---|---|---|---|
| 任务名称 | 编制婚礼服务产品营销计划 | 学时 | | 培训对象 | |
| 学生姓名 | | 联系电话 | | 任务成绩 | |
| 任务设备 | | 操作时间 | | 操作地点 | |
| 任务目的 | 1. 理解营销计划的作用、内容、编制原则<br>2. 掌握营销计划的编制过程<br>3. 培养良好职业素养 | | | | |
| 任务实施 | 准备 | 分析现状，做到知己知彼，为编制营销计划做好充分准备 | | | |
| | 编制草案 | 1. 确定目标，为具体活动程序指明方向<br>2. 依据营销计划的主要内容，编制计划草案 | | | |
| | 讨论修改 | 小组内部讨论，修改计划草案 | | | |
| | 完善优化 | 完善优化，形成正式计划，作为企业内部执行的依据 | | | |
| 教师评价 | | | | | |

## 【任务反思】

怎样在实际工作中实现营销计划的有效执行？

# 任务二：处理服务失败

对于有着最佳服务意识的企业乃至世界级的服务系统来说，服务失误都在所难免。随之而来的问题是，如何在失误发生后进行有效的服务补救，并通过提高补救水平来维护客户满意和忠诚，维护企业形象。这既体现了服务企业应对失误和失败的能力，也是服务企业提高竞争能力、保持竞争优势的重要举措。

## 一、服务失败及其原因

服务失败是指当企业没有依照标准作业程序向消费者提供其所要求的服务，服务没有按约履行，服务不正确或执行质量低劣，或因某种缘故延迟服务，表现为服务水平低于顾客可接受水平，使顾客感知到服务的差错，这时候就发生了服务失败。

服务失败的原因主要有以下几个方面。

1. 对所提供的核心服务失败的反应失败

是指由于员工对核心服务失败的反应不恰当而引起的顾客不满。比如婚礼现场布置的效果与婚礼策划师所提供的效果图不一致，婚庆公司提供的婚礼花车与顾客所要求的车辆品牌有差异等。核心服务的提供出现问题是决定顾客最终是否满意的一个关键点，而服务接触人员对这类事件的解决和反应能力，直接决定核心服务的失败是否会最终造成顾客的不满。

当餐馆因为繁忙而上菜缓慢时，服务员耐心地解释，提供额外的补偿，比如提供免费饮料的行为，会明显提高顾客的满意度，从感情上很好地弥补了可能造成的顾客不满，弥合之后的服务仍然不失为一次成功的服务。

2. 对顾客的需要和请求的反应失败

一般来说，是指顾客的这些需要都是特殊的，是不包含在常规的服务传递系统中的。比如，带小孩去餐馆用餐的父母需要菜品里不放味精和辣椒；航班上的乘客生病，需要药品和护理。这就要求服务人员能够根据顾客的需要适当调整所提供的服务，满足顾客的特殊需求。这种情况下，服务人员能否提供令人满意的服务，很大程度上决定了顾客是满意还是不满意。

顾客的需要可能是明确表示出来的，也可能是默示的需要。比如，航班上乘客生病，对药品、护理的需要就是一种典型的默示需要，即使他并不开口要求照顾，乘务员也应当主动提供帮助。而明示的需要主要包括以下几种：①特殊的需要。如老人需要搀扶，儿童需要额外的保护等。②客户的偏好。比如客人要求菜里不放味精和辣椒等。③顾客失误。比如顾客丢失了房间门卡，退房时忘记了带走某件行李，不得不向服务人员请求帮助。④有损害性的其他事件。比如有顾客请求服务人员让影院中的其他顾客保持安静。面对这些需要，服务人员的反应如果不恰当就会造成顾客的不满，造成失败的服务。

3. 服务人员的不期之举

在服务中，有一类服务人员的行为不是由顾客的需要引起的，也不是服务传递系统中所计划的一部分，被称为服务人员的不期之举。这些不期之举可能让顾客非常满意，也可能造成顾客的极度不满。具体可以分为以下类型。

（1）注意程度。包括积极的和消极的两类行为。积极的注意是指员工主动关注顾客需要并预测顾客需要，会带来顾客满意；而员工忽略顾客需求，比如冷漠地对待顾客，顾客不满也是很自然的结果。

（2）不寻常行为。是指服务人员对顾客采取的不同预期的行为，也包括积极和消极的两种。比如工作人员由于自身心情的影响而产生的谩骂和粗鲁地对待顾客就属于消极的不寻常行为。

（3）文化准则。是指那些可能符合也可能违反社会文化准则的行为。公平、公正、真诚是指积极的文化准则，而歧视、欺骗、偷窃等都是为社会文化所不认可的行为。符合积极的文化准则的行为会造成较好的顾客满意度，而那些为社会文化所不认可的行为也不会得到顾客的认可。

（4）格氏评价。格氏（Gestalt）有整体的意思，也就是有不少顾客对所接受服务的印象是很整体性的，他们不会将满意或不满意归因于如上那些具体的因素，而只是作一些笼统的评价，如“令人感到很愉快”或者“整个服务过程糟糕透了”这样的评价。这个现象告诉我们：消费者的满意与不满意是很主观的感受，顾客是将服务的过程作为一个整体来感受的，一着不慎往往满盘皆输。

（5）不利条件。包括员工在压力条件下积极的和消极的行为。如果当周围的人“丧失理智”时，员工采取很有效的手段控制了局面，则顾客对于这种不利条件下的员工会留下深刻的印象。相反，一艘船在下沉，而船长和水手在乘客之前就跳上了救生艇，这显然是在不利条件下的一种消极行动。

总而言之，冷漠地对待顾客、消极的不寻常行为、为社会文化所不认可的行为、压力条件下的消极行为都可能成为服务失败的原因。了解了这些服务失败的原因，将有助于我们更深刻地理解服务失败。

4. 顾客的不当行为

基于服务的生产过程与消费过程同时进行的特征，所以有的时候服务失败也和顾客有关。比特纳女士所作的研究表明：很多时候导致顾客不满和服务失败的原因就在顾客本身，比如顾客醉酒、语言和行动上的攻击、破坏公司的规则及不合作等，所以公司一味地要求员工忍让可能会让员工越觉得手足无措。因此，企业应当正视这类顾客的存在，首先对服务失败进行客观的归因，不让员工“有委屈说不出”，同时也应当对员工给予一定的应急能力上的培训。

## 二、顾客不抱怨及产生抱怨的原因

服务失败后，顾客会在一定程度上产生一系列的负面情绪，包括生气、不满、失望和焦虑等。这些负面反应会影响顾客对服务补救的感知和评价，以及顾客对服务的评价和选择。许多顾客对其采取消极态度，只是停留在口头上，其采取行动的动机在某种程度上取决于顾客是否想保持其原有供应商还是转向新的供应商。通常意义上，顾客抱怨不是坏事，反倒是那些没有抱怨的顾客最有可能离去。企业应当把抱怨行为看成是顾客对自己仍抱有希望的暗示，积极面对顾客抱怨。企业任何消极面对，甚至不理会不满意的顾客，都是极为不明智的做法。

顾客群体因个性、价值观等方面的差异，在服务失败后表现出不同的反应。根据顾客对服务失误作出的反应，可将其分为 4 种反应类型，即消极者、发言者、发怒者及积极分子。尽管这 4 种类型在不同的行业背景中可能有不同的比例，但与其划分是相对一致的，并且每种都能在所有公司或行业中找到。

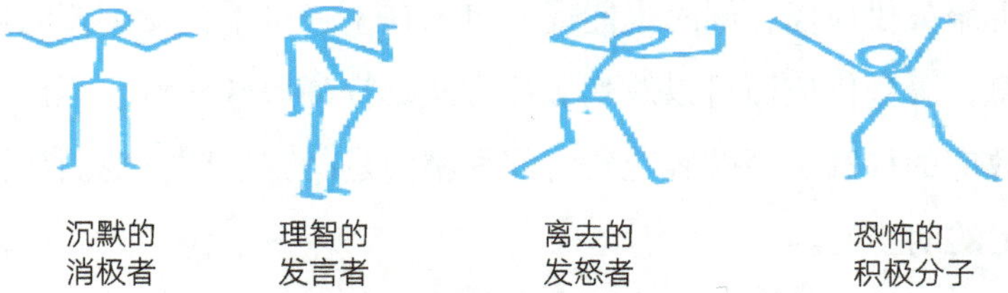


**图 8-1 抱怨者的种类**

沉默的消极者：这类顾客极少会采取行动。他们经常怀疑抱怨的有效性，认为结果与花费的时间和努力相比不值得，有时其个人价值观或标准会抵制抱怨。

理智的发言者：这类顾客乐于向服务人员抱怨，但他们不大可能传播负面信息、改变服务供应商或向第三方讲述不满。这类顾客应该算是服务供应商的最好朋友，他们主动抱怨，这样一来就给服务供应商以改正的机会。他们的个人标准支持抱怨，倾向于认为抱怨对社会有益，所以从不犹豫说出自己的感觉。他们认为向服务人员抱怨的结果非常积极。

离去的发怒者：这类顾客与其他类型顾客相比更有可能极力向他人传播负面消息并改变供应商。他们对服务供应商更加愤怒，虽然他们确实相信向服务供应商抱怨会对社会有益。他们不可能给服务供应商第二次机会，取而代之的是转向原服务供应商的竞争对手，并且一直向朋友、亲戚传播负面信息。

恐怖的积极分子：这类顾客的特点是在各方面更加具有抱怨的习性。他们向服务供应商抱怨，还会告诉其他人，并且比其他类型顾客更可能向第三方抱怨。在极端情况下，这类顾客往往最令企业头疼。

针对不同种类的抱怨者，企业应及时采取有效的应对策略，来降低顾客抱怨所导致的负面影响。尤其要通过有效的服务补救，来将顾客的不满降至最低。对于与顾客直接接触的一线人员，更应把处理顾客抱怨的能力作为最基础、最重要的业务能力来培养，不断提高企业应对顾客抱怨、化问题为机遇的水平。

## 三、顾客抱怨时所持有的期望

顾客对于抱怨结果的期望能够影响顾客是否抱怨的决策。那些保持沉默的顾客往往不相信通过抱怨行为对自己或者别人会有什么积极的事情发生。与不抱怨的顾客相反，抱怨的顾客相信投诉会有积极的结果并且对社会有益。也就是说，他们相信得到公正的对待和良好的服务是应该的，相信自己将会并且应该由于服务失败而获得某种形式的赔偿。并且，社会责任感促使他们抱着帮助其他人的想法将自己的不满感受告诉服务供应商，同时也能促使自己在下一次不再受到相同对待。根据他们提供的信息，服务供应商可以改变服务方式，提高服务质量。积极的预期也会带来社会整体效应的提高。当顾客花费时间和精力进行抱怨时，他们往往是对抱怨的结果抱有一定的期望的。

因为不满意而抱怨的顾客往往是高度情绪化的。首先，顾客通过抱怨，将不满情绪宣泄，可以起一个减压阀的作用，让顾客重新回到平衡的心理状态。其次，人们向第三方抱怨也是为了获得别人的认同。最后，顾客也可以通过投诉（抱怨）借以恢复某种控制力。因此，顾客抱怨的行为也是具有一定心理上的原因的。

我们了解顾客抱怨时所持有的期望，在后面进行服务补救的过程中满足消费者的需要才有可能平息第一次做错带来的不满意情绪。研究表明，服务补救中消费者很在乎两个字：公平。服务补救领域的专家史蒂夫·布朗（Steve Brown）和史蒂夫·塔克斯（Steve Tax）总结了3种顾客寻求的公平类型：结果公平、过程公平和相互对待公平。

1. 结果公平

顾客希望自己得到的结果或者赔偿与自己的不满意程度、所付出的时间成本、精力成本是相匹配的。也就是说，必须让顾客感到，企业为自己错误所付出的努力起码应该与自己已经遭受的经济上和情感上的损失相当。企业可以采用经济赔偿、一次性正式道歉、未来免费服务、折价、修理或更换等形式进行补偿。顾客也会将自己的付出与所得到的赔偿的比值与其他人的付出赔偿比值进行比较。如果其他某位顾客付出了相同的成本，遭受了相同的不满意却得到了比自己更好的补偿，他们也可能会感到不满，这就是所谓的结果公平。

2. 过程公平

除了对得到补偿的结果要求公平之外，顾客也希望抱怨过程的政策、规定和时限是公平的。他们希望抱怨的途径和过程是清晰、快速、无争吵的，并且希望抱怨能够被快速地处理。他们欣赏那种能够快速提供恰当的、令人满意的服务补救的员工和企业。不公平过程的特点是使顾客感到缓慢、拖延和不方便。还有些企业会要求顾客提供服务失败的证明，否则就不承认是自己的服务存在问题，这样的过程会让顾客的不满意程度加重。

3. 相互对待公平

相互对待公平是指顾客在抱怨时，在与企业员工接触的过程中，期望受到员工有礼貌的、认真的、诚实的对待。如果顾客感到企业及其员工漠不关心或者没有承认错误的胸怀，顾客会觉得非常不满意，粗暴的态度可能会抹杀一切结果和程序上的努力。而顾客是否能感受到这种相互对待公平，很大程度上取决于抱怨处理人员的态度、职业素养及是否得到足够的授权。所以，服务企业对于服务补救人员给予一定的礼仪、人际沟通上的培训及授权是很必要的。

## 四、怎样看待顾客抱怨

过去，在经营者的观念中顾客只要抱怨，经营者总是认为他们在找麻烦，而且只认识到了抱怨给经营者带来的负面影响，但实际上这种观念是偏颇的。从某种角度来看，顾客的抱怨实际上是企业改进工作、提高顾客满意度的机会。

建立顾客的忠诚是现代企业维持顾客关系的重要手段，对于顾客的不满与抱怨，应采取积极的态度来处理。对于服务中的失误进行及时补救，能够帮助企业重新建立信誉，提高顾客满意度，维持顾客的忠诚度。

## 五、顾客抱怨的处理政策

企业必须制定相应的政策和制度，使顾客抱怨能准确、及时地解决。

1. 以顾客为中心制定有利于抱怨的政策

许多企业制定政策和制度的前提是如何让企业运作得更顺利、更有效，比如专为顾客而设的服务窗口开放的时间并不方便顾客，购买家用产品的人员浪费了很多时间在家里等候维修人员等，这些都是把企业内部体系放在优先位置来考虑的。以企业为中心的政策，无疑为顾客流失和顾客抱怨提供了滋生的土壤。因此，企业制定为顾客服务的政策时，应首先考虑到顾客是否愿意并且便于接受，如果顾客要求对不希望的事进行变动或自愿选择时，应尊重他们的意愿。对所提供的服务不满意时，应鼓励抱怨。企业应充分考虑顾客的利益，征求顾客的意见，制定出顾客乐于配合的管理政策等。

2. 企业内部协调，统一执行对顾客的政策

很多顾客都有这样的经历：最初向顾客提供服务的明明是某一个部门，最后却像踢皮球一样被推到另一个部门去了。这些企业最初向顾客提供的服务可能个人针对性很强，但是一旦到了另一个部门，就很快变得不明确了，服务质量自然大打折扣。如果企业能够协调好处理顾客抱怨的各个部门的职能范围，高效地处理抱怨，那么每个人都会成为赢家。

3. 授权一线员工

许多管理者存在一种偏见，即一线员工的品质素质较差，他们并不可靠，一线员工只能按规范的程序和程式为顾客服务，这种不信任导致管理者不敢向一线员工授权。授权意味着一线员工不用去重复老一套的接待词，而是可以根据情境和顾客的不同，灵活地为顾客提供得体的服务；授权意味着一线员工可以立即处理顾客的投诉或抱怨，而不会因为处理程序复杂而导致矛盾激化；授权还可以充分发挥员工的创造性、积极性和主动性，提高顾客服务质量。因此，管理者应适当授权一线员工，充分发挥他们的潜能去为顾客服务。

4. 表彰和奖励受理顾客抱怨最佳的员工

有些企业的奖励制度与受理抱怨之间有矛盾。比如企业急功近利，高度重视销

售工作，默许销售人员在宣传中夸大其词，只要把产品销售出去即可。只顾短期利益，使顾客抱怨无法得到妥善解决。有的企业甚至对这种行为进行表彰和奖励。这些都会影响公司的长期口碑和效益。因此，公司要建立相应的表彰机制和员工自主机制，鼓励员工积极处理顾客抱怨，并对优秀的员工给予奖励，使员工能够积极有效地处理顾客抱怨，为建立高效的顾客抱怨处理机制打下基础。

5. 及时准确地向管理高层传达顾客的抱怨

通常一线员工最先接触到顾客。如果企业不鼓励员工将来自顾客的信息传达给高层，那么大部分顾客的抱怨就会石沉大海；如果一线员工与高层之间未能坦诚地交换意见，那么提高服务质量纯粹是一句空话。因此，企业的高层主管一方面要尽可能地与顾客进行面对面的交流，亲身体会一下顾客的愤怒；另一方面要建立监督机制，对顾客抱怨从一线员工传达到管理层的过程进行监督，看看究竟有多少顾客抱怨传达到了企业高层，这些传达到的抱怨是否准确。如果高层打算花更多的时间直接了解一线员工的情况，不妨深入基层走走看看。

## 六、服务补救的策略

1. 服务补救及其重要性

服务补救，是指服务型企业在对顾客提供服务出现失败和错误的情况下，对顾客的不满和抱怨当即作出的主动补救性反应。其目的是通过这种反应，重新建立顾客的满意和忠诚。

俗话说：亡羊补牢，为时未晚。随着经济发展，以服务作为经营重点的企业所占比例越来越大；顾客日渐挑剔，企业发生服务失误的可能性也越来越高，甚至就算企业做对了，顾客也会鸡蛋里挑骨头——反正提供服务的又不是只有你一家。这种情况下，企业应该怎么做才能避免因服务失误而导致利益损失？或者，能否通过成功的服务补救而增加利益？

服务产品的 5 个特征注定了服务失误不可避免且大量存在。即使对于有着最佳服务意识的服务系统来说，服务失误也是难以杜绝的。只要有一次服务失误，就可能导致顾客不满，并可能永远失去该顾客的信任。服务补救可以提供一个弥补这些缺陷并能让顾客留下正面印象的机会。

恰当、及时和准确的服务补救可以减弱顾客不满情绪，并部分地恢复顾客满意度和忠诚度，某些情况下，甚至可以大幅度提升顾客满意度和忠诚度。TARP（美国技术支持研究计划协会）经过研究发现，在批量购买中，未提出批评的顾客重购率为9%，抱怨未得到解决的为19%，抱怨得到解决的为54%，抱怨得到快速解决的则达到了82%。成功的服务补救对企业收入和利润增长的影响巨大，服务补救的投资回报率可达到30%—150%。编者在与多家婚庆公司管理人员交流的过程中，也了解到成功处理服务失败（顾客抱怨），在婚礼服务产品营销中具有重要作用，影响着企业的利润和发展。

服务补救不仅是企业重新获得消费者满意的一种手段，也是一种改进服务质量的有效工具。

2. 服务补救的特征

（1）主动性。服务补救要求服务提供者主动发现服务失误并及时采取措施解决，采用这种管理模式对企业来讲无疑更有利于提高顾客满意度和忠诚水平。

（2）实时性。服务补救通常在服务失误的现场，如果等到服务过程结束，服务补救的成本就会急剧上升，因此会导致服务补救的效果不尽如人意。

（3）全程性。服务补救是全员性质和全过程的管理工作，服务提供企业往往会授权一线员工在服务失败发生时就采取补救措施。

3. 服务补救的策略

尽管很多企业也认识到服务失败或失误时进行补救的重要性，但是却未必能恰当地采取有效的补救措施。事实上，服务补救不当和不采取任何补救措施同样糟糕，甚至在有的情况下会更糟糕。因此，使用恰当的服务补救措施显得尤为重要。常用的服务补救措施包括：

（1）道歉。尽管道歉是远远不够的，但道歉是服务补救的开始，是解决服务失败的浅层策略。顾客的光临，表达了对服务提供机构及人员的信任，服务提供者应尽一切努力提供其所需服务，当顾客感到不满时，应表示歉意。虽然一些服务失败是由服务的异质性等特点所决定的，服务失败的风险是服务企业固有的特征。但当顾客产生不满、抱怨时，要真诚地道歉、沟通，争取顾客的理解。道歉解释既是对顾客的一种尊重，也是重新赢得顾客信任的过程。

（2）紧急行动。顾客抱怨的目的是希望尽快解决问题，道歉解释并不是顾客最终所期望的。只有当服务提供者迅速采取行动，为纠正错误而努力时，才证明它对顾客的抱怨非常重视。假如服务提供者对顾客的不满反应迟钝，或没有采取相应的行动，会加剧顾客的不满情绪。但是，如果员工能积极迅速采取行动，并给客人以惊奇的解决方法，可能会有不一样的效果。

（3）共情。在顾客抱怨的时候，及时道歉和采取紧急行动是必要的。同时，在与顾客沟通的整个过程中，还要做到共情。共情，简而言之，就是感同身受，也就是说换位思考，服务人员能够对怒气未消的顾客表示理解，从顾客角度去感受令顾客失望、愤怒的原因。恰当的共情，会使顾客意识到企业对其处境的关心及为了挽回服务失败而努力的意愿和行动，从而可以有效平息怒气。

（4）补偿。有时，服务失误后，仅仅向顾客表示道歉和共情，只能缓解或消除顾客的不满情绪，不会满足顾客的期望，不能使顾客十分满意。顾客由于服务失败而付出的时间或心理代价并没有得到补偿，这种情况下服务提供者应该进行一定程度的补偿。虽然这种补偿从表面上看增加了成本，但却提供了顾客重新评价自身服务质量、获得顾客满意和忠诚的机会，最终实现利润的持续增长。补偿有合理补偿和超值补偿两种，合理补偿是指一线员工在现场对顾客作出合理的补偿，超值补偿是送给顾客有价值的东西。

（5）动态追踪访问。在采取了一定的补救措施后，企业还要看这些举动有没有产生效果。通过进行动态追踪访问，企业可以知道顾客的不满是否已经得到缓解或消除，如果发现所采用的服务补救措施并没有达到预期的目的，那么就要考虑其他新的补救措施。动态追踪访问的形式有很多，比如口头询问、电话回访、电子邮件、信件等。

对于不同行业、不同服务机构、不同顾客而言，服务补救方式及其有效性是有所不同的，应该具体问题具体分析。总的来说，作为婚庆服务企业，一定要正确认识服务失败，并给予积极应对，正如一家婚企负责人所说的那样：出现问题，不要逃避，直接面对。结果没满意，售后也要让人家满意，这就是你对客人的态度。

## 【任务导入】

提供一个职场情境中的案例，请同学们完成解决方案并做角色扮演，师生点评。

张红（化名）是一家婚庆公司的主管，在婚礼服务中，也会经常接到顾客的一些投诉，比如彩排当天发现婚礼现场与策划师的效果图不一致，婚礼当天婚礼主持人把证婚人名字念错了，跟拍的摄影摄像师拍出来的画面与自己期待的有差距等，请同学们以小组为单位，为该公司设计理想的服务补救策略。

## 【任务分析】

该任务主要是理解服务补救的重要性，以及常用的服务补救策略，并结合婚庆行业实际，设计具备可行性的服务补救策略。

## 【任务实施】

### 一、操作流程图

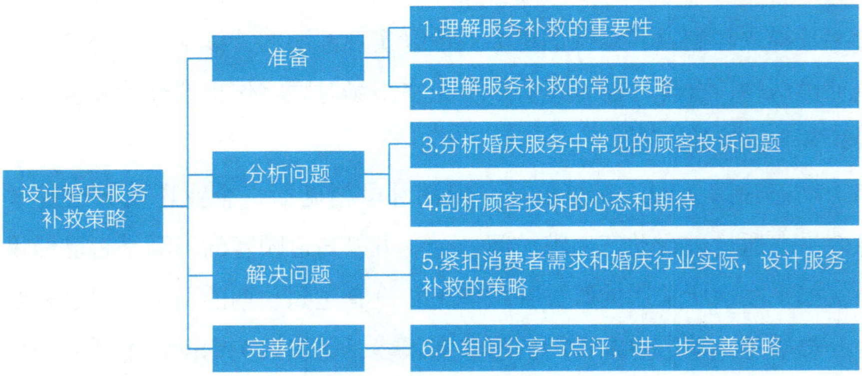


### 二、操作注意事项

1. 充分认识服务补救的重要性。

2. 结合婚庆行业实际、客户需求与期待进行设计。

## 【任务工单】

<table>
<tr><td>任务名称</td><td>设计婚庆服务<br>补救策略</td><td>学时</td><td></td><td>培训对象</td><td></td></tr>
<tr><td>学生姓名</td><td></td><td>联系电话</td><td></td><td>任务成绩</td><td></td></tr>
<tr><td>任务设备</td><td></td><td>操作时间</td><td></td><td>操作地点</td><td></td></tr>
<tr><td>任务目的</td><td colspan="5">1. 理解婚庆服务补救的重要性<br>2. 掌握婚庆服务补救策略的运用<br>3. 培养良好职业素养</td></tr>
<tr><td rowspan="4">任务实施</td><td>准备</td><td colspan="4">1. 理解服务补救的重要性<br>2. 理解服务补救的常见策略</td></tr>
<tr><td>分析问题</td><td colspan="4">1. 分析婚庆服务中常见的顾客投诉问题（请至少写出三条）<br><br><br>2. 剖析顾客投诉的心态和期待（请对应列出的问题进行分析）</td></tr>
<tr><td>解决问题</td><td colspan="4">紧扣消费者需求和婚庆行业实际，设计服务补救的策略</td></tr>
<tr><td>完善优化</td><td colspan="4">小组间分享与点评，进一步完善策略（请列出至少 3 条策略）</td></tr>
<tr><td>教师评价</td><td colspan="5"></td></tr>
</table>

## 【任务反思】

如果你是婚庆公司主管，顾客到公司来投诉时有大声辱骂甚至殴打服务人员的行为，该如何应对？

9

# 项目九　开展婚庆业务洽谈

对于婚庆企业而言，婚庆业务洽谈是销售的重要手段，也是建立良好客户关系、分析客户信息的起点，更是实现婚礼服务产品价值的关键。对于婚庆专业学生而言，婚庆业务洽谈也是同学们到用人单位实习就业的一项重要工作，关系到自己的工作绩效，以及后续是否能在单位站稳脚跟，进而决定自己的职业走向。同学们在婚庆业务洽谈过程中展现出的职业能力与职业素养，都是用人单位非常看重的。因此，本项目将基于行业实际，从实战的角度，介绍婚庆业务洽谈的基本流程，以及常用技巧，为同学们的职业发展奠定基础。

## 【任务目标】

### 知识目标

1. 了解婚庆业务洽谈基本流程。
2. 熟悉婚庆业务洽谈基本沟通技巧。

### 能力目标

1. 能够与客户建立良好关系。
2. 能够较好地完成谈单任务。

### 素质目标

1. 树立营销意识。
2. 学会换位思考。

### 思政目标

1. 培养良好的社会责任感。
2. 培养爱岗、诚信、敬业、友善的品质。

# 任务一：掌握婚庆业务洽谈基本流程

图 9-1 现代婚礼庆典服务过程

现代婚礼庆典服务主要包括三个阶段：婚礼服务产品销售、婚礼服务产品设计以及婚礼服务产品生产。首先是婚礼服务产品销售阶段，也称为婚庆业务洽谈阶段。这是婚庆服务的开端，包括前期咨询、提供初步婚礼建议、考察场地，以及签订婚礼服务正式的合同文本。只有顺利完成婚礼服务产品销售，才有后续两个阶段的进行。婚礼服务产品销售，是销售人员与客户直接互动的过程，因此，对销售人员的素质有着较高的要求。

## 一、婚礼销售人员的素质要求

在任何一家企业的发展和运营中，销售人员都扮演着至关重要的角色。销售人员既是企业生存的重要因素，又是企业的形象代言人。优秀的婚礼销售人员，除了对企业有较强的责任心、勤奋、不怕失败之外，还需要具备过硬的业务素质。

1. 必须对公司有全面了解

婚礼销售人员应当熟悉公司发展史，对公司历年财务、人员状况、领导状况及技术设备等都了如指掌，因为这些知识都有助于增强顾客对推销员的信任感。同时，还应该学会巧妙运用统计资料来说明公司的地位，力争在顾客心目中树立起良好的公司形象。

2. 应当是产品专家

应全面了解从产品设计到生产的全过程，熟悉产品特点，熟知产品成本、费用，还应全面掌握产品种类，了解竞争产品的情况。

3. 要了解顾客

一方面需要了解顾客购买的可能性及希望从中得到的效用，另一方面还需要了解顾客购买的政策依据，顾客购买决策权在谁手中，谁是购买者，谁是使用者等，深入分析不同顾客的心理、习惯、爱好和要求。

4. 掌握相关知识

主要包括营销策略、市场供求状况、潜在顾客数量、购买力、相关法律法规（如民法典中有关婚姻家庭、合同方面的内容）。

5. 具备良好的文化素质

对销售人员来说，同行竞争的焦点往往是文化素质的差异。要求销售人员具有一定的专业知识，如经济学、管理学、心理学、语言学等。除此之外，还应在文学、艺术、地理、历史、哲学、外语、信息技术等方面充实自己。博学多才是销售人员成功的重要因素。

## 二、婚礼销售基本流程

人员直接推销的方式一般有上门推销、门店柜台推销以及各种会议活动推销等。上门推销一般适用于普通消费品；各种活动的推销，应用范围很广，比如婚庆公司利用婚博会等行业的相关活动进行现场推销，也能取得不错的效果。只不过它的推销对象可能是最终的用户（新人），也可能是中间商。

婚礼销售基本流程主要如下。

1. 找准顾客

一般消费品的顾客搜寻方法很多，如广告、逐户访问、电话寻访、地毯式搜寻、设立代理、个人观察等。对于婚庆服务而言，一般采用广告搜寻、个人观察、连锁介绍等。

2. 邀约

接近顾客的方式切忌生硬，不能让顾客产生不信任感。比如，电话邀约顾客到门店来访问或者商谈，开场白该如何说？顾客对你获得其电话号码的渠道有疑虑该怎么回答？这些问题都没有特定确定的答案，需要根据情况分别对待。因此，好的邀约方法不是强硬地占用顾客时间，迫使其作出某种承诺，而是充分考虑接到莫名电话时顾客的烦躁心理。对于关键的前 10 秒或者 20 秒，推销人员应该让顾客感到放松，比如明确表示会简短说明情况，然后希望可以用不太打扰对方的方式发送详细的信息，进而获取更多的沟通渠道，如邮箱、QQ、微信等。为顾客考虑的重要一点是成本，推销人员必须尽量降低顾客的成本，包括访问门店的时间成本，清晰地描述最近的门店是较好的做法。有时候，邀约的对象不一定是新人。消费者包括购买者、决策者和使用者等。新人必定是使用者，但未见得就一定是购买者和决策者，所以把邀约的范围扩大也是提高接近顾客成功率的关键之一。

3. 做好谈单前准备

首先，要根据客户合适的时间，做好相应的时间安排；其次，做好谈单前的礼仪准备。在仪表上，销售人员的衣着应以稳重大方、整齐清爽、干净利落为首要标准。店面环境也应当以整洁、舒适为宜，给顾客留下良好的印象。最后，要做好谈单前的资料准备。包括公司的详细介绍、宣传单，公司的服务内容及收费标准，公司合同、便笺纸和笔，成功案例等，方便在顾客需要时及时提供。

4. 把握好谈单过程

（1）要注意自己的言行举止。应礼貌迎接顾客进店，请顾客落座，给顾客递水。在谈话时应态度关切、温和，坐姿端正并稍向前倾，用心倾听，切忌东张西望、心不在焉。回答问题时，不要直接顶撞，需要否定对方意见时可用委婉语气。谈话时应不慌不忙，动作适度，站立时切忌双手倒背。交换名片时应双手呈递和双手接受，以示对对方的尊重，切忌一边交流一边摆弄顾客的名片。要将手机调整至静音状态，避免在谈单过程中出现谈话被手机铃声打扰的情况，以示对顾客的重视和尊重。

（2）要注意自己的语言。应做到语言表达准确，注意使用规范语言，使用礼貌语言，注意讲话的语音语调，速度适中，避免病句。要做好相关介绍。相关介绍包括自我介绍、公司介绍、服务体系介绍、工作流程介绍、优惠政策介绍，以及收款流程等。总之，讲话要准确规范，富于表现力，展现出销售人员自信的风貌，以及良好的职业素养。

做好自我介绍。销售人员如果想要顺利地将产品推荐给顾客，首先要让自己得到顾客的认可，因此在进行产品销售前，销售人员要做的第一件事就是进行自我销售。自我介绍的关键就是要进行差异化的自我包装。做好自我介绍，首先是名字，销售人员除了拥有自己的本名之外，大多还有一个通俗易记的名字，如柠檬、百合等，还可以采用一些趣味性或是特别的介绍方式，不仅容易让消费者记住我们的名字，也能够让自己获得一些特别的关注。其次在形象上，除了保证职业化的着装以外，在得体的范围内可以佩戴一些能够凸显自己个性的饰品，如胸针、项链或耳环等。最后是角色，在销售谈话中，我们需要明确谈话中“我”的功能和“我”能解决的问题，也就是清楚“我”是什么样的角色，并对此进行解读。

做好公司介绍。由于婚庆并不是消费者所熟知的行业，所以进行有说服力的公司介绍就显得尤为重要。新人对于婚庆公司的需求通常包括三个方面：安全感、品质和服务体验。在进行公司介绍时，我们需要将这三方面需求按照渐进的顺序传达给新人：①满足顾客对安全感的需求。婚礼是即时进行的，同时中国婚礼讲究好的彩头和寓意，不能产生错误，也没有重来一次的机会。所以安全感是大多数婚礼需求的基础和前提，介绍企业也应以能否带来足够的安全感开始。企业的安全感来源于以下三个方面：一是企业联盟背书，比如其与产业链中其他知名度较高的品牌的合作关系；二是公司履历，通过经营年限、营业数据、代表性案例和荣誉等信息，证明公司具备丰富的经验和高效的执行力；三是公司规模，通过人员数量、企业架构和资金实力等信息证明企业的稳定性。②满足顾客对品质的需求。站在消费者的立场而言，商家提供高品质的产品都是理所应当的，这也是我们进行商业销售时必须要坚持的原则。无论是模块化的套餐还是定制服务，好的服务品质都是基本要求，所以在介绍过程中，要针对品质需求进行及时有效的说明。我们需要对策划人员是如何筛选组建的、通过何种方式择优录取的、获得过哪些成绩，以及为保证水平和优势所进行培训的成本投入等情况进行详细的介绍与说明。之后，制作一个婚礼方案需要的流程，并通过系统的讲解，让新人真切感受到我们的工作能力和服务态度，展示出我们所具备的能够驾驭大量烦琐工作的能力，进而证明自己的价值。③满足顾客对服务体验的需求。结婚虽然是件喜庆的事情，但对于没有经验的新人来说，无异于一场“人生考验”，想要让婚礼办得漂亮，在婚礼筹备上需要用心和细心，同时在婚礼当天的来宾招待上更是马虎不得。所以，结婚对于多数人来说更多的是劳累的体验，那么作为婚礼服务机构，除了要做好本职工作以外，如何有条不紊地进行任务铺排，则关系到是否能把服务做好、是否能让新人把这种繁忙的过程变成享受婚礼倒计时的过程。

做好服务体系介绍。在将公司的情况系统介绍完成后，紧跟着要传递的是公司在服务体系上能够涉及的内容，如礼服的选择、婚俗的介绍、婚房的布置以及结婚物品的采购等。由于不同的婚礼机构所在的地域和企业的定位不同，在服务体系上也会有所不同，因此在实际操作中，大家需要根据实际情况进行调整。这也对婚礼销售人员的专业知识和素养有较高的要求。

做好工作流程介绍。一个标准合理的工作流程是新人进行婚礼机构选择的重要参考依据。如果我们能够在婚礼筹备期间，将工作流程介绍给新人，可以树立一种严谨、专业的公司形象，即便消费者事先并无要求，但通过我们的概念灌输，消费者也能产生横向对比意识，进而更容易突出我们的服务优势。

做好优惠政策和收款流程介绍。当婚庆业务洽谈到即将交易阶段时，客户往往会提到有关优惠、收款流程等问题。这时候就需要做好优惠政策和收款流程的介绍。店内优惠活动通常具有时效性，可以提升消费者的积极性，需要销售人员熟悉本公司的优惠政策，并且紧扣消费者的实际需求来作介绍。在收款流程上，婚礼庆典服务并非一个“即买即卖”的商品交易，我们与新人之间更像是甲乙双方的项目合作。这也就意味着项目从开始到结束是有周期的，在这个周期内，为了确保服务方能够保质保量地完成工作，同时让甲方的权益得到保障，在收款上不得不以分阶段、分批次的方式来支付。这些也是需要向客户解释清楚的。

（3）要紧密把握客户的需求。通常要了解客户的以下信息：①交通工具；②穿着打扮；③收入水平；④婚纱套系、价位：在哪个婚纱影楼里照的、多少钱的价位；⑤婚宴地址、标准；⑥新郎新娘双方来宾层次；⑦费用预算；⑧职业、家庭背景；⑨婚礼日期；⑩主持人、摄像、婚车、化妆师等人员是否已经定好，有什么样的要求，对婚礼有什么具体或是特殊要求。

5. 签单

一般情况下，婚庆公司为了防止客户失信而遭受损失，在与客户谈好业务后，应与客户签署婚庆服务合同，以明确双方的责任。婚庆服务合同一般包括以下内容：①双方的名称、地址、联系电话；②婚礼庆典的基本情况；③约定的事项；④约定事项的总价；⑤付款方式；⑥双方的义务；⑦违约规定；⑧争议解决的途径；⑨其他事项；⑩合同的生效与解除。

签单时，客户会支付一定的订金。在提出收取订金前要注意从客户的角度来谈。比如，新人没有选定主持人，而婚礼日期也就在两三个月后，婚礼顾问就可以这样说：“主持人得早订！许多新人提前半年甚至一年就订了。今年的好日子多，结婚扎堆，主持人的数量有限，尤其是好的主持人，您把钱给了主持人，即使有人比咱们给的价高，他也不能再接别的婚礼了。”同时，收取订金要开收据并加盖公章，显得正规，让新人放心。

关于婚庆业务洽谈的常用技巧，我们将在下面一节作详细介绍。

当然，由于顾客购买决策受多种因素影响，我们也不能保证每个顾客就一定能签单。但业务洽谈后如果顾客没有签单，也不要气馁，认真分析原因。在合适的情况下，可以采取后续服务，来获得顾客的青睐。比如，可通过微信等方式陆续给新人推送资料，如何挑选婚纱、婚礼准备表、蜜月旅行注意事项等；婚庆公司开展的一些公益性活动，邀请准新人免费参加等。要注意：不要频繁地给客户打电话；打电话的时间尽量选择非工作时间（可根据客户的职业性质选择正确的时间打电话）。

## 【任务导入】

婚庆业务洽谈训练1：三人一组。一人扮演婚礼顾问，一人扮演客户，一人担任观察者。客户是第一次来店咨询筹备婚礼有关事宜，婚礼顾问完成从接待到相关介绍的过程。观察者作为旁观者进行观察。每轮10分钟，三人分别就自己的角色分享感受、点评。一轮后进行角色互换。

## 【任务分析】

该任务旨在训练同学们掌握婚庆业务洽谈的基本流程，通过训练、观摩、反思，不断提升婚庆业务洽谈能力。

## 【任务实施】

### 一、操作流程图

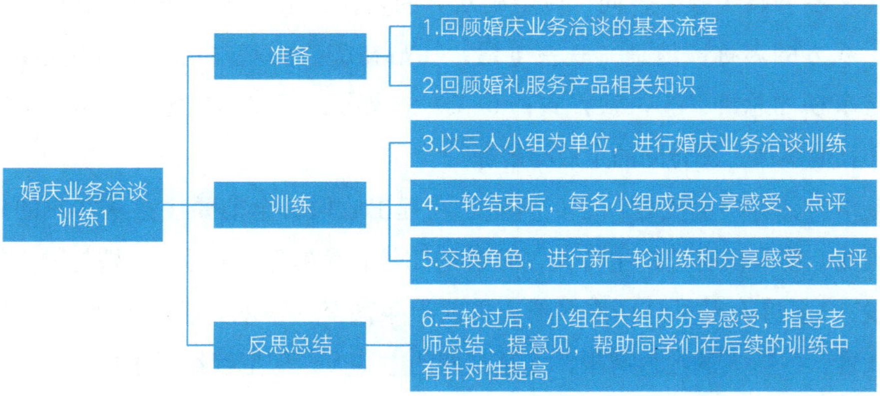


### 二、操作注意事项

1. 对商务礼仪有一定掌握。
2. 注重在实践中提升自己的沟通能力。
3. 学会观察与反思。

## 【任务工单】

<table>
<tr><td>任务名称</td><td>婚庆业务洽谈<br>训练 1</td><td>学时</td><td></td><td>培训对象</td><td></td></tr>
<tr><td>学生姓名</td><td></td><td>联系电话</td><td></td><td>任务成绩</td><td></td></tr>
<tr><td>任务设备</td><td></td><td>操作时间</td><td></td><td>操作地点</td><td></td></tr>
<tr><td>任务目的</td><td colspan="5">1. 培养婚庆业务洽谈能力<br>2. 培养良好专业素养</td></tr>
<tr><td rowspan="3">任务实施</td><td>准备</td><td colspan="4">1. 回顾婚庆业务洽谈的基本流程<br>2. 回顾婚礼服务产品相关知识</td></tr>
<tr><td>训练</td><td colspan="4">1. 以三人小组为单位，进行婚庆业务洽谈训练<br>小组成员姓名：________ ________ ________<br>2. 一轮结束后，每名小组成员分享感受、点评<br>3. 交换角色，进行新一轮训练和分享感受、点评<br>我作为婚礼顾问的感受：<br><br>我作为顾客的感受：<br><br>我作为观察者的感受：</td></tr>
<tr><td>反思总结</td><td colspan="4">三轮过后，小组在大组内分享感受，指导老师总结、提意见，帮助同学们在后续的训练中有针对性提高<br>我觉得婚礼顾问在婚庆业务洽谈中最难的是：<br><br>我的未来努力方向：</td></tr>
<tr><td>教师评价</td><td colspan="5"></td></tr>
</table>

## 【思考实践】

婚庆业务洽谈中，遇到刁难的客户该怎样应对？

# 任务二：运用婚庆业务洽谈技巧

婚庆业务洽谈是建立良好客户关系、分析客户信息的起点，更是实现婚礼服务产品价值的关键。作为婚礼销售人员，当然期待谈单成功，然而基于婚庆服务自身的特殊性，以及客户情况和风格的多样性，谈单并不是一个简单的过程。在谈单中，我们也需要恰当运用一些技巧，来促成签单。

## 一、运用婚庆业务洽谈技巧的原则

运用婚庆业务洽谈技巧，首先得秉承以下原则，这些原则，对于企业而言，是企业可持续发展的关键；对于销售人员个人而言，则是维持其职场生涯可持续发展的必备法则。

1. 坚持诚实守信

运用婚庆业务洽谈技巧，首先应当秉承诚实守信的原则。这既是婚庆企业职业规范性和职业道德的体现，也是企业能否走得长远的关键，更是销售人员个人素质的体现。

运用婚庆业务洽谈技巧，离不开运用语言艺术。但语言艺术与语言骗术本质完全不同。语言艺术的动机是双赢，而语言骗术的动机是骗钱；语言艺术是选择信息，而语言骗术则是编造信息；语言艺术是引导，而语言骗术则是欺瞒。语言艺术不是语言骗术，这是每个销售人员必须牢记的。优秀的销售人员必须能够分清语言艺术和语言骗术的区别。

2. 保持自信

作为婚庆销售人员，要相信自己的专业素养，相信自己的产品，相信自己的价格，相信事先的准备工作，不要随便就怀疑自己。你只有对自己有信心，客户才会感受到信心。

3. 不能轻易让步

婚庆服务要考虑消费者的需求，但并不意味着无条件的让步。让步的举动很有可能被对方认为是产品有问题，或者价格虚高。

4. 维护价格

价格是个敏感的话题。价格是交易的重中之重，价格的松动比其他的让步更容易引起连锁反应。价格一定要和服务相对应，价格的变动前提必须是服务的变动，这种变动才可以接受。

5. 牢记自己的目标

婚庆业务洽谈的目标是什么？业务洽谈的目标是促成成交，是促进客户和商家之间的良好合作，是促进双赢。

## 二、掌握婚庆业务洽谈的基本技巧

如果要归纳婚庆业务洽谈的基本技巧，可以用3个字来概括，就是：听、说、问。

1. 听

这里的听是指倾听。倾听是指人们凭借听觉器官接收语言信息，进而通过思维活动达到认知、理解的全过程。倾听是沟通的重要环节。良好的倾听是有效沟通的开始，是有效沟通的前提。在倾听中，人们关注对方，投入情感，记忆、分析并随时准备表达自己，最终达到被理解和被人理解的目的。

有人调侃说，上帝之所以给了人一张嘴巴、两只耳朵，就是叫人少说多听。美国著名政治家本杰明·富兰克林曾说过："与人交谈取得成功的秘诀是多听。"中国的俗语"说三分，听七分""会说的，不如会听的"，以及外国谚语"用10秒钟时间讲，用10分钟时间听"，都是讲倾听在交谈中的重要性。

婚庆业务洽谈是面对面的交流，学会倾听，做个好听众，是建立良好人际关系、提高沟通效果的一个重要途径。所以，一个善于交谈的人首先必须是一个善于倾听的人。交谈过程中，诚心诚意地倾听，会让对方觉得自己深受尊重，你对他的谈话很感兴趣，有助于开启谈话者的心扉，同时也向对方传达了自己的良好修养。

沟通应该从倾听开始，不愿倾听，沟通便无从谈起。沟通的关键是真诚，真诚的倾听是对别人最好的尊重，也是最好的赞美。在真诚的倾听中，我们能穿透文字，发掘对方的内心。人们都喜欢倾听者，尤其是有同情心的倾听者，和亲密的朋友一样重要，无论对个人还是对团体都能起到积极的作用，并且让人们感觉他们相当可靠、值得信赖和十分忠诚。在倾听方面，需要达到以下要求。

（1）精神专注。精神专注是准确倾听的前提。通常，大多数人在倾听时只能集中 20% 的注意力，其余的 80% 随着种种原因丢失了，因此在理解上就会出现差异，尤其是当一个人说话缺乏吸引力时，集中精力就变得更加困难，也就变得非常重要。所以，在与他人沟通时，要静下心来，尽量排除各种干扰，用积极的态度听清对方的全部信息，这是沟通顺畅的重要保障。

（2）保持耐心。当对方倾诉时，应让其先说、多说，不要随意打断对方的谈话，更不能表露出不耐烦或敷衍的神情，使其乐意向你倾诉。要善于激发双方讲心里话的欲望，要引导对方将内心的感受倾诉出来。谈话中尽量消除各种干扰，比如突然响起的电话铃声、手上不停的小动作、自己胡思乱想、走神、忧虑、过多地做笔记等。谈话中也要给予积极的语言回应，但要避免不必要的打断。如果听漏了一些地方，或者遇到不懂的地方的时候，要在对方的话暂告一段落时，迅速地指出疑问之处。

（3）准确理解。对方与你交谈的目的旨在让你能更好地理解他。所以我们在倾听中除了在精神上、表情上、肢体上表示专注之外，还要在你大脑里及时对对方的话语进行加工，不仅要听，而且要观察，同时用自己的情感去体验，用头脑去判断，理解对方的真实想法和意图。如果你确实担心没有理解清楚对方的意思，你可以用自己的话复述一下对方的话，请求对方的“验证”，如“您刚才的话，您看我这样理解对吗？……”

（4）积极回应。与对方交谈时，不能长时间一言不发，更不能三心二意做其他事情，让对方误认为你对所谈的话题不感兴趣，漠不关心。要保持适度的目光交流，并适时提出一两个问题或表达一下自己的感触。如“嗯……”“噢”“是这样啊”“那后来呢？”等。特别是当别人分享自己的喜悦时，应当有所积极的表示；当别人倾诉自己的伤心事时，如果你确实不知道自己该怎样用语言表达关心和安慰，那么给予关切的目光，或者轻轻拍下对方肩膀（这个举动要因人而异，不熟的异性之间尽量避免），或者当别人哭泣时默默地递给对方一张面巾纸，也可以传递出关切或者温暖的感觉。总而言之，要充分通过你的语言符号和非语言符号，让别人感受到你对他的关注和共情，而不要让人觉得你冷漠或者麻木。

多数情况下，对方的倾诉是想听听你的想法，并由此调整自己的心态。听完对方倾诉后，切不可不了了之，而应以诚恳之心将自己的建议告诉对方，使其得到实际的帮助。

2. 说

说，就是要会表达。对于婚庆业务洽谈而言，可以从以下两方面把握。

（1）运用 FABE 法则。在婚庆业务洽谈中，婚礼的销售工具包一般包括精美的婚礼视频、图片、流程说明、顾客评价以及公司和产品的详细信息等。在顾客心中往往有一连串的问题，这些问题不一定会被清晰地表达出来，因为这些问题可能只存在于顾客的潜意识中，虽然这样，这些问题都必须得到回答，否则就可能失掉生意。优秀的推销员应充分做好准备，以回答这些未被说明但十分关键的问题。这 6 个问题是：

"我为什么要听你讲？"销售人员一开始就要吸引住客户。

"这东西是什么？"应该从产品特征方面进行解释。

"那又怎么样？"需要解释这些特征能产生什么样的优势，而且要使用顾客熟悉的用语。

"对我有什么好处？"人们购物是为了满足自己的需求，不是销售人员的需求。

"谁这样说的？"顾客想了解其他人对公司产品的看法，以及表达看法者的权威性和代表性。

"还有谁买过？"证明你的产品或服务确实像你说的一样好，以此打消顾客心中的疑虑。应该从权威性的购买者、证明方面介绍。

推销员必须回答以上 6 个问题，才有可能赢得顾客。由此，学者们整理出了一套简单的方法——FABE 法则来描述推销员的工作过程和规范。FABE 法则成功地把最符合顾客要求的商品利益向顾客推介并转化为购买动机。

FABE 法则的内容具体包括以下 4 个方面。

特征（Feature）：特征是描述产品的款式、技术参数、配置和服务，是有形的，这意味着它可以被看到和感受到，负责回答"产品是什么"，所以要求销售人员必须极度了解自己的产品。

优势（Advantage）。优势回答了"它能做到什么"。婚礼产品的优势指的是我们的产品与别人比有什么优势，优势可以是性价比高、成本低，时尚、独一无二，或者是团队非常专业，流程非常正规，服务非常细致、贴心等，一定要挖掘出自己产品的优势，并清晰描述。这个阶段，需要了解客户需求，包括其成本考虑，根据成本提供相应的产品样式。只有这样，才能在下一阶段自然而然地向顾客传达特殊的价值。

利益（ Benefit ）。回答了"它能带来什么好处"的问题，也就是如何满足顾客的需求。利益是无形的，如自尊感、自豪感、表现欲等。利益需要深入挖掘，找到最能打动消费者的点。一款婚礼服务产品的利益，也就是能给新人和利益相关人带来什么效用。这是婚礼产品的核心产品层次。每个推销员都应该烂熟于胸，并且能根据顾客的需求特点及时升级，以使销售价格和利润达到最大可能。

证据（Evidence）。是向顾客证实你所讲的好处。证据是有形的，可见、可信。证据回答了“怎么证明你讲的好处？”，比如已经举行过婚礼的人对于某款婚礼服务产品的评价；公司筹办的某个知名婚礼等。这些都可以作为证据。

**图 9-2 FABE 法则的流程**

事实上，特征、优势、利益、证据是一种贯穿的因果关系。当销售人员对它们之间的关系了解得非常清晰，运用得非常熟练以后，就会有充分的理由让顾客购买所需商品。

（2）要会“讲故事”。喜欢听故事是人类的本性。一个好的故事，能拉近讲述者和受众之间的距离，把深奥的道理变得浅显易懂，产生情感上的联结，以及思想上的共鸣。对于婚礼销售人员来说，把一场婚礼还原成一个动人的故事，能够让新人在这个故事中沉醉，身临其境地感受他们对于婚礼的真正梦想。而我们作为这个梦境的缔造者，将会得到顾客前所未有的信任。毫不夸张地说，在谈单中，一个好的故事能够对成交起着决定性的作用。

那么如何讲好故事呢？首先，要逻辑清晰地做好故事铺垫；其次，在渲染画面感时，要多用细节描述动作和神情；最后，要用修辞手法描绘氛围或感受。当我们的故事真正地走入听者的心里，听者与我们共同进入一个场景中，感受着场景中角色的感受，他们甚至会觉得自己已经变成故事里面的主角，我们的故事就讲成功了。这就意味着我们在顾客心中已经占据了一个重要的地位。（案例详见“项目四 开发婚礼服务产品”中的“任务一 开发婚礼服务产品”）

3. 问

法国启蒙思想家、作家伏尔泰说：判断一个人要根据他的问话，而不是他的回答。科学家爱因斯坦说：提出一个问题往往比解决一个问题更重要。在互动性的口头语言沟通中，提问也起到了重要的作用。比如，在婚庆业务洽谈中，销售人员就可以通过提问，探求、了解顾客的需求。

（1）有效提问的要求。这里有个关于抽烟问题的小故事：甲乙两个信徒都很爱抽烟。一天祷告时，甲问神父：我祷告时可以抽烟吗？神父生气地说：绝对不可以！乙问神父：我抽烟时可以祷告吗？神父和蔼地说：当然可以！

这个故事告诉你什么了呢？

提问不在于多，而在善问；提问是有目的的，是要为你的谈话所服务的。

有效提问的要求可以归纳为 3W1H，具体如下。

What——问什么？首先要明确自己想问什么，想通过提问实现什么样的目的。是渴望对方能同意你的请求，希望对方透露你想要的信息，还是想以此启发对方的思维呢，或者是实现其他目的？

Who——向谁问？比如关于婚礼风格的问题，是问新娘，还是问新郎，或者是问新娘的父母呢？这个也是你需要考虑的。

When——何时问？提问的时机也是非常重要的。提问时机得当，能够顺利实现你的目标；时机不当，即使是计划的好问题也无法实现你的目标，甚至还会出现适得其反的效果。

How——怎样问？一是态度要诚恳，只有营造了良好的氛围，才有可能得到你想要的答案。二是要根据沟通对象、内容和目的的不同，采取不同的提问方式。比如询问同样一个问题，对于不同职业和文化水平的人来说，提问的语言可能也会有所差别。三是句式尽量简短，太长的问题会让当事人不得不花更多精力去对其进行语句分析，加重大脑的负担，更可能会影响当事人对问题的理解，甚至会使对方感到厌烦。

提问时，切忌提一些笼统的问题，比如，“您想要什么样的婚礼？”这样的提问就像主人第一次邀请客人吃饭点菜时问对方“想吃什么”一样，对方可能会以“随便”“什么都行”来解答，接下来便会陷入“点什么菜”的挣扎中。而对于善用语言技巧的人来说，他可以提出“有忌口吗”“能吃辣的吗”“喜欢吃鱼还是吃鸡”等问题，当我们提出这些问题后，一般能够得到“是”与“否”或者 A 与 B 的答案，也就能了解客户的一些偏好了。而这些信息也是排除那些错误答案后留下来的正确信息。在婚庆业务洽谈中，当我们需要知道顾客想要什么样的婚礼的时候，依然可以运用这个方法。

还有，有的婚礼销售人员可能会问顾客“您喜欢什么风格的婚礼”，而风格对于非专业人士来说，可能是不太好理解的，可以用对方所熟悉的词语比如“感觉”来替代“风格”这个词语。还有的婚礼销售人员可能会问顾客喜欢什么颜色的婚礼，这个问题也是不妥的。婚礼色彩的选择依据是婚礼主题、婚礼环境和婚礼风格。对于新人而言，自己喜欢什么颜色是一回事，而这些颜色是否适用于自己的婚礼又是另外一回事。颜色的选择对于材质效果的表现也有着明显的影响。颜色可以作为方案中的辅助元素出现，但这样的提问方式很容易将顾客引到以颜色为核心的设计依据上来，这样对于后续方案的策划和设计也存在一些不利的影响。

（2）婚庆业务洽谈中的五大必问基础问题。在婚庆业务洽谈中，婚礼销售人员不仅要会听、会说，还要会问，通过提问，获取有关新人的信息，为促成签单奠定基础。在婚庆业务洽谈中，必问的五大基础问题是：

① 婚期。婚礼第一大要素就是婚礼举行的日期，尤其是在中国，良辰吉日是重大仪式必须要考虑的因素，同时又要结合国家法定节假日，因此在一些特别的日子便会出现“扎堆结婚”的现象。我们可能会面临同时服务多对新人的情况，因此，在谈单过程中，了解婚期一方面能够帮助我们确定是否具有承接顾客婚礼的能力，另一方面结婚高峰日往往伴随着供应成本的“水涨船高”。这时候市场上的鲜花等材料会因紧缺出现一定价格上浮的现象，这种情况必然是需要提前做好应对措施的。同时，提供婚礼执行人员的合作团队也将变得极为紧缺，如果新人选择在一个高峰期举办婚礼，当务之急就是解决执行团队的确定问题。

② 场地。婚礼的地点决定了婚礼的形式、规模，也是设计的依据。无论我们想创造什么样的场景，都要考虑它的可实施性。在了解场地的信息时，桌数和餐标也是重要的数据。通过桌数和餐标信息，我们可以在一定程度上大致预估顾客在婚礼上的支出和收入。

③ 预算。合理的预算是成功地完成一个婚礼方案的重要依据。无论方案设计是何种效果，最终的决定性参考因素还是预算。虽然使用不同的材料也能创造出类似风格和感觉的婚礼，但所选材料的质量关系着最终的呈现效果，所以掌握预算对于整个方案的走向和最终婚礼呈现的结果起着至关重要的作用。

④ 禁忌。顾客和重要来宾可能因某种习俗或是某段经历对某些婚礼形式表现出无法接受的态度。这些不可触碰的“红线”是我们必须要提前了解的，否则一旦出现问题，会使得婚礼的进程不顺利，或者让新人在婚礼当天陷入尴尬的境地，甚至出现不满的情绪。

⑤ 新人经历分享。“您最近有没有参加过朋友的婚礼，或者有没有在网上看过相关的视频与图片，觉得好的可以分享一下。”这是一个带有技巧性的询问，同时也为谈话提供了一个引导性的话题，主要的用意是测试顾客对婚庆筹备具体的了解程度。当顾客被问到这个问题时，一般会将他们所关注的重点信息提供给我们，这对我们制订方案来说会是一个非常好的线索。它可以让我们知道，顾客是对仪

式流程的创意更感兴趣，还是对美轮美奂的场景设计更感兴趣等。在后续沟通和进行方案设计时，这些信息都将作为非常有效的参考依据，能够促使我们的谈单更加顺利。

另外，当我们通过测试知道顾客所关注的重点后，也就能找到那些顾客还未关注的地方，即他们认知上的盲点。通过对盲点的普及，在顾客进行多家婚庆公司对比的时候，我们将占据很大的优势。

## 三、应对不同类型顾客的技巧

在婚庆业务洽谈中，我们会遇到不同类型的顾客，采取与之相匹配的应对方式会有利于我们实现洽谈目标。在这里，我们将重点就顾客的不同性格类型进行应对技巧的介绍。

1. 精明型

精明型的顾客通常具有较高的学历背景，思维缜密，同时对事物有着理性的判断和认识，自然对婚礼这一人生大事也有着较高的要求。在消费过程中，这类顾客的高要求主要表现在公司的名气、策划师的能力和婚礼服务水平上。在面对销售人员这一角色时，一开始保持警惕的态度。精明型人群多处在与人打交道的环境中，他们对于对方说的话总是持怀疑的态度，因此想要打动他们，首先要做到真诚。所谓真诚，指的是在销售过程中，我们应该站在客观的角度进行自我介绍和公司介绍，不可一味地夸夸其谈或故意隐瞒一些个人和公司的真相。一旦与顾客建立信任，那些无关紧要的或者不完美的方面也就显得不那么重要了。这样无论是后续的交易过程还是策划环节，进行起来都会更加顺利。

2. 外向型

外向型顾客在消费过程中表现出大方、健康和亲和力较强的状态。这类顾客在生活中通常充满自信，同时喜欢和习惯被欣赏、被赞美。他们喜欢营造愉悦且幽默的谈话氛围，即使当下你们是在讨论关于交易方面的话题，他们也不希望处于一种“针锋相对”的氛围。当我们面对这类型的顾客时，最关键的是要与他们聊得来，因为他们很注重相处的感觉，并将其作为自己的消费是否安全可靠的一个参考。能够与他们聊得来，而且在一些消费观念上尽可能地与他们达成共识，也就更容易获得他们的信任。谈单过程中，我们可以多用赞美和认同的观点去营造一个相对轻松的沟通环境。在前期多将焦点集中在顾客身上，谈话氛围也要保持幽默且愉悦的感觉，不必过分拘泥于说话的严谨性，可以用轻松自然的状态尽可能多地制造各种话题。当与新人进入和谐愉悦的聊天氛围后，可以开始插入系统的相关信息介绍。不过所插入的话题需要随着谈话自然出现，不能过于生硬。在谈到一些交易中比较敏感的内容时，同样需要保持和谐舒适的谈话状态，这时候我们要尽量充满自信，并保持真诚，促成签单也就成了顺理成章的事情。

3. 分析型

对于婚礼销售人员而言，最具有挑战性的顾客就是分析型顾客了。面对这一类型的顾客，在谈单中无论我们表现得多么积极和热情，他们可能都比较淡漠，并且喜怒不形于色。这很可能会让我们感到手足无措，也让我们对接下来的谈话感到无从下手。事实上，这类顾客之所以会有这样的表现，不是因为他们对我们的介绍不感兴趣，而是因为他们希望从我们的谈话中，认真挖掘出更多有效且真实的信息。面对该类人群，引导性的话术和热情的态度好像并不会产生多大效果，引导性的提问可能也得不到想要的回应和互动。

在面对这类顾客时，我们首先需要保持足够的自信，清楚对方表现出的只是自我消费时的一种习惯性行为，对谈单结果没有什么太大影响。这样，在谈单中我们可以更加淡定，并尽量不受干扰地去表达我们所想要表达的内容。那么在谈单中，我们如何能够知道顾客心里是怎么想的呢？当他们不再沉默并开始提问的时候，说明他们已经对我们之前所说的内容表示出一定程度上的认可。对于分析型顾客而言，什么时候作出什么决定和选择是一件较容易的事情。谈单过程中，这类人群对于目标考虑也是很明确的。如果我们的表达清晰，描述的内容符合逻辑，他们通常是很愿意继续听下去的，反之则可能停止谈话。所以当这类顾客开始发问的时候，也就标志着他们正在为所关注的核心问题寻求解决办法，意味着我们可能会成为他们的考虑人选。假设最终为他们提供服务的人是我们，并且我们所做的能满足他们的要求，这场“博弈”对于我们来说基本上就可以宣告胜利了。

针对这类顾客，在谈单中，我们如何做才能博得他们的信任，并最终被他们选中呢？即便是同一类型的顾客，不同的人也会有不同的需求。但无论是什么需求，我们只要遵循一个原则，即给出的婚礼方案一定是充满细节的方案，就会更容易被他们所接受。细节是关乎成败的关键性要素。一个充满细节且具有说服力的方案，不仅代表着我们的专业性，还彰显着我们严谨的工作和服务态度。从本质上来说，这其实就是这类人群在考察我们时所关注的内容。一个细致的婚礼方案可以轻松地获得这类顾客的认可，从而促成交易。

4. 随和型

随和型顾客看起来很和善，在谈单过程中通常愿意迎合我们的话题，对我们所说的话也没有过多疑问，看似属于比较容易签单的顾客类型。但实际上这类顾客的成交率并不高。面对这一类型的顾客，谈单中一些话题看起来都在顺利地进行，而到了最终要下订单的时候，这类顾客则很可能表现出犹豫的情绪，无法给出肯定的答复。这是为什么呢？该类顾客虽然看似在很配合地听我们介绍，但实际上他们对我们所讲的可能并不一定是非常认可的，不反驳只是他们的行为模式而已。随和型顾客往往缺少主见。当面对成交这个关键点时，他们心里可能对我们所说的信息存在着疑问或不满意的地方，但又怕破坏和谐的氛围，所以不想过多表达，导致我们既无法顺利签单，又找不到对应的解决办法。面对这一类型的顾客，我们需要找到他们所顾虑的因素，并且设身处地地为他们考虑，帮助他们打消疑虑。

总而言之，婚庆业务洽谈是婚礼庆典服务中一个非常重要的过程，也是一个复杂的过程，同学们需要秉承专业自信，不断学习、实践与反思、总结，促进自己婚庆业务洽谈水平的不断提升。

## 【任务导入】

婚庆业务洽谈训练 2：三人一组。一人扮演婚礼顾问，一人扮演客户，一人担任观察者。客户随机抽取以下婚庆业务洽谈中的任意三个常见问题向婚礼顾问提问，婚礼顾问作回应。观察者作为旁观者进行观察。三人分别就自己的角色分享感受、点评，对顾客所提问题的关注点进行分析。一轮后进行角色互换。（参考问题详见下面的“客户常见提问”，题目可根据实际情况自行扩充）

客户常见提问：

1. 你们公司的基本情况是怎样的呢？
2. 你们有什么好的创意环节？
3. 我们想做主题婚礼，你们能做吗？
4. 我如何准备一个比较特别的伴手礼？
5. 5 万元的婚礼在你们这里能做出什么效果？
6. 我能自己找化妆师化妆吗？
7. 你们的服务有什么特别的地方？

8. 我和爱人在外地工作，没有那么多时间准备婚礼怎么办？
9. 婚礼督导是做什么的呢？
10. 我想要一个和我朋友一样的婚礼可以吗？
11. 你们是如何做一场婚礼的呢？
12. 你们的收费还能再优惠一点吗？
13. 我想要红色调的婚礼，可以吗？
14. 婚礼的鲜花造型能不能按照我们提供的图片来做呢？

## 【任务分析】

该练习主要是针对婚庆业务洽谈中顾客提出的常见问题进行回应。完成要点在于婚礼销售人员能做到正确倾听，准确领悟顾客的关注点或需求，并能在回应中把握 FABE 法则展现差异化优势。

## 【任务实施】

### 一、操作流程图

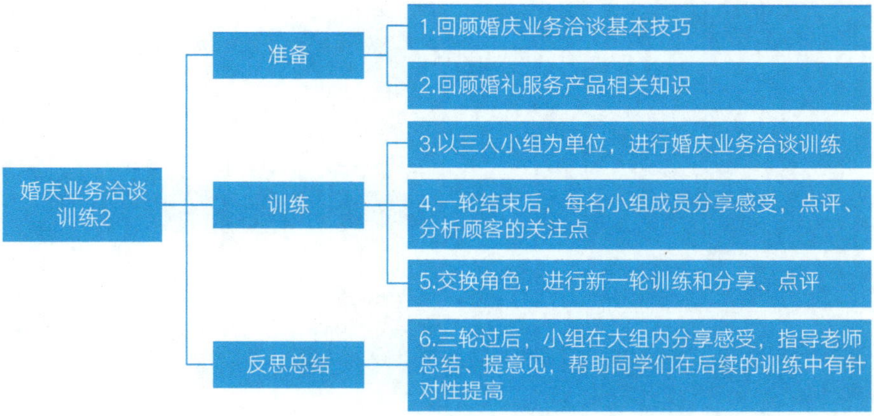


### 二、操作注意事项

1. 注重在实践中提升自己的沟通能力。
2. 学会观察与反思。

## 【任务工单】

<table>
<tr><td>任务名称</td><td>婚庆业务洽谈<br>训练2</td><td>学时</td><td></td><td>培训对象</td><td></td></tr>
<tr><td>学生姓名</td><td></td><td>联系电话</td><td></td><td>任务成绩</td><td></td></tr>
<tr><td>任务设备</td><td></td><td>操作时间</td><td></td><td>操作地点</td><td></td></tr>
<tr><td>任务目的</td><td colspan="5">1. 培养婚庆业务洽谈能力<br>2. 培养良好专业素养</td></tr>
<tr><td rowspan="3">任务实施</td><td>准备</td><td colspan="4">1. 回顾婚庆业务洽谈基本技巧<br>2. 回顾婚礼服务产品相关知识</td></tr>
<tr><td>训练</td><td colspan="4">1. 以三人小组为单位，进行婚庆业务洽谈训练<br>小组成员姓名：________ ________ ________<br>2. 一轮结束后，每名小组成员分享感受，点评、分析顾客的关注点<br>3. 交换角色，进行新一轮训练和分享感受、点评<br>我作为婚礼顾问的感受：<br><br><br>我作为顾客的感受：<br><br><br>我作为观察者的感受：<br><br></td></tr>
<tr><td>反思总结</td><td colspan="4">三轮过后，小组在大组内分享感受，指导老师总结、提意见，帮助同学们在后续的训练中有针对性提高<br>我觉得婚礼顾问在婚庆业务洽谈中最难的是：<br><br><br></td></tr>
</table>

续表

| | | |
|---|---|---|
| 任务实施 | 反思总结 | 我的未来努力方向： |
| 教师评价 | | |

## 【思考实践】

你在婚庆业务洽谈中感到最难的是什么，如何克服？

# 参考文献


[1] 张琬 . 婚庆服务业中的网络营销策略研究［D］. 上海：上海外国语大学，2007.

[2] 高忠惠 . 浅谈企业市场营销活动［D］. 北京：北京交通大学，2007.

[3] 肖离离，任国庆 . 从网络消费者行为特征谈网络营销策略[J]. 生产力研究，2009（6）：105-106，111.

[4] 江建秧 . 我国婚庆企业发展策略分析［J］. 产业与科技论坛，2008（11）：18-25.

[5] 姜旭平 . 网络营销［M］. 北京：清华大学出版社，2003.

[6] 孙可 . 婚礼销售顾问从业指南［M］. 北京：人民邮电出版社，2020.

[7] 金雷宇 . 婚庆市场营销与谈单技巧［M］. 北京：中国铁道出版社，2019.

[8] 崔杰，王晓玫 . 婚庆公司经营与管理［M］. 北京：中国铁道出版社，2016.

[9] 林夕梦，岳茜玫 . 服务营销项目化教程［M］. 北京：中国电力出版社，2014.

[10] 周斌 . 消费心理学［M］. 北京：清华大学出版社，2017.